溝口史剛……〔監修〕
青木智恵子…………〔著〕

ぎゃくたい（虐待）ってなあに

Ψ
金剛出版

ぎゃく《虐》たい《待》ってなあに？

もくじ

第Ⅲ章　お友達《ともだち》に起《お》こった「虐待《ぎゃくたい》」のお話《はなし》

第Ⅳ章　「助《たす》けて」と思《おも》ったら

※注　ご紹介の文献やサイトおよび情報は、刊行時点のものです。

《はじめに》

この本《ほん》は、「虐待《ぎゃくたい》」についてできるだけわかりやすく書《か》いた本《ほん》です。虐待《ぎゃくたい》のことを専門《せんもん》にしているお医者《いしゃ》さん(クマちゃん先生《せんせい》)や、そのほかの大人《おとな》のみなさんにも助《たす》けてもらって書《か》きました。

文章《ぶんしょう》は小学生《しょうがくせい》の子《こ》どもでも読《よ》めるように工夫《くふう》しました。もちろん、その年齢《ねんれい》以外《いがい》の人《ひと》が読んでもいいし、大人《おとな》にも読《よ》んでほしいなあと思《おも》います。

また、字《じ》の形《かたち》は『読字障《どくじしょう》がい』を持《も》つかたにとって読《よ》みやすい字体《じたい》（UD《ユーディー》フォント）にしました。

■大人《おとな》や子《こ》どもの中《なか》には「虐待《ぎゃくたい》」という言葉《ことば》を聞《き》いても「自分《じぶん》がされていること」や「していること」が「虐待《ぎゃくたい》」に当《あ》たると気《き》づいていない人《ひと》もたくさんいます。

この本《ほん》を読《よ》んで、なにか相談《そうだん》したいことがでてきたら168ページを参考《さんこう》にしてください。

青木智恵子《あおきちえこ》（↑この本《ほん》を書《か》いた人《ひと》）より

★この本《ほん》を読《よ》むときのお願《ねが》い★

この本《ほん》を読《よ》むのも、読《よ》まないのも、自由《じゆう》です。だから、読《よ》んでいるうちに「読《よ》みたくないな」と思《おも》ったり、「なんだか気分《きぶん》が悪《わる》いな」と思《おも》ったりしたら、とちゅうで読《よ》むのをやめてかまいません。なんとなく気持《きも》ちがザワザワしてきたら、本《ほん》をとじて、ゆっくり息《いき》をはいて、深呼吸《しんこきゅう》をくりかえしてみましょう。

そして、「この本《ほん》を読《よ》むと気分《きぶん》が悪《わる》くなったの！」と、先生《せんせい》や、その他《ほか》の「お話《はな》しをしてもいいかな」と思《おも》った大人《おとな》に伝《つた》えてみてくださいね。

大人《おとな》は、子どもの体《からだ》や心《こころ》を傷つけてはいけないのです
ボカッ
ズキッ
グサッ

第《だい》I章《しょう》 権利《けんり》のお話《はなし》

【1】みんな「権利《けんり》」を持《も》っている

虐待《ぎゃくたい》という難《むずか》しい問題《もんだい》を考《かんが》えるときには、権利《けんり》という言葉《ことば》を知《し》っておくことがとっても大切《たいせつ》なんです。だから、虐待《ぎゃくたい》のお話《はなし》をする前《まえ》に、権利《けんり》のお話《はなし》をしたいと思《おも》います。

世界《せかい》には、たくさんの国《くに》があります。

いろいろな人《ひと》が、いろいろなところに住《す》んでいますね。

どの人《ひと》もすべての人《ひと》は平等《びょうどう》に『権利《けんり》』というものを持《も》っています。

「すべての人《ひと》」なのですから、

生《う》まれたばかりの赤《あか》ちゃんも、
子《こ》どもも、おじいさんもおばあさんも、
病気《びょうき》の人《ひと》も、障《しょう》がいがある人《ひと》も、
みんな『権利《けんり》』を持《も》っています。

これを読《よ》んでいるあなたも、もちろん持《も》っています!

ここで、権利《けんり》ってなんだろうと思《おも》う人《ひと》もいるかもしれません。

簡単《かんたん》に説明《せつめい》すると
人《ひと》は誰《だれ》でも

■安心《あんしん》……怖《こわ》い・痛《いた》い・嫌《いや》な思《おも》いをしないで過《す》ごす

■自由《じゆう》……他人《たにん》を傷《きず》つけないかぎり、感《かん》じたり思《おも》ったりしたことを表現《ひょうげん》してよい

■自信《じしん》……自分《じぶん》や他人《たにん》を大切《たいせつ》な存在《そんざい》だと思《おも》って過《す》ごす

――という当《あ》たり前《まえ》のことが尊重《そんちょう》され誰《だれ》もが幸《しあ》せに生《い》きられるように、みんなで努力《どりょく》しあわなければいけないのです。

こんどは、ここで、
『平等《びょうどう》』ってどういうこと？
――と、思《おも》う人《ひと》がいるかもし
れませんね。
「誰《だれ》もがみんな」ということを難《むずか》
しい言葉《ことば》で「平等《びょうどう》」といいます。
「平等《びょうどう》」ということをもう少《すこ》しわ
かりやすく説明《せつめい》すると、

権利《けんり》の てんびん
みんな
おんなじ
おもさだよ

例《たと》えば『うちは貧乏《びんぼう》だから、お金持《かねも》ちの子《こ》どもより権利《けんり》が少《すく》ないのかな？』とか『わたしは病気《びょうき》や障《しょう》がいを持《も》っているから、健康《けんこう》な子《こ》どもより権利《けんり》が少《すく》ないのかな？』と思《おも》う必要《ひつよう》はなく、どこに住《す》んでいても、どんな国《くに》の言葉《ことば》をしゃべっても、お金持《も》ちの人《ひと》もそうでない人《ひと》も、病気《びょうき》や障《しょう》がいがあってもなくても、ひとりひとりがみんな大事《だいじ》、――それが『平等《びょうどう》』ということです。

・・・・・・・・・・・・・・・・・・・・・・・・・

日本《にほん》の国《くに》にも「権利《けんり》」についてのルールがあります。

このルールは憲法《けんぽう》や法律《ほうりつ》という難《むずか》しいルールブックにはっきりと書《か》かれていて、どの人《ひと》も守《まも》らなくてはなりません。そこには、『国民《こくみん》は、どの人《ひと》も、子《こ》どもも、ひとりひとり、『個人《こじん》』として『尊重《そんちょう》』されなくてはならない』と決《き》められています。

わかりやすい言葉《ことば》で説明《せつめい》すると、

どの人《ひと》も、素晴《すば》らしい存在《そんざい》であり、

どの人《ひと》も自分《じぶん》なりの素敵《すてき》な才能《さいのう》やとくちょうがあり、

どの人《ひと》も自分《じぶん》なりの考《かんが》えかたがあり、
他《ほか》の人《ひと》を傷《きず》つけないかぎり、
それをおたがいに認《みと》めあう——ということです。

このルールは、あなたも、大人《おとな》も、
他《ほか》の子《こ》どももみんな守《まも》らなくてはいけないのです。

【2】ぼくもわたしも持《も》っている
子《こ》どもの権利《けんり》

誰《だれ》でもみんな、
■安心《あんしん》……怖《こわ》い・痛《いた》い・嫌《いや》な思《おも》いを
しないで過《す》ごす
■自由《じゆう》……他人《たにん》を傷《きず》つけないかぎり、
感《かん》じたり、思《おも》ったりしたことを表現《ひょうげん》してよい
■自信《じしん》……自分《じぶん》や他人《たにん》を大切《たいせつ》な存在《そんざい》だと思《おも》って過《す》ごす
——という権利《けんり》がある、と説明《せつめい》しましたね。
子《こ》どもについても同《おな》じです。

子《こ》どもは、大人《おとな》ではないのでたくさんわからないことがあったり、たくさん失敗《しっぱい》したりするかもしれません。

でも、それは当《あ》たり前《まえ》のことであり、大人《おとな》みたいにできないからといって心《こころ》や体《からだ》が傷《きず》つくような罰《ばつ》を受《う》けたり恥《は》ずかしい思《おも》いをさせられるのはおかしなことなのです。

子《こ》どもには、ありのままを受《う》け入《い》れてもらえる権利《けんり》、安心《あんしん》して失敗《しっぱい》をしてもいい、という権利《けんり》があるのです。

大人《おとな》でも、失敗《しっぱい》しない人《ひと》なんてだーれもいません。

子《こ》どもならなおさらです。

失敗《しっぱい》したら、安心《あんしん》して教《おし》えてもらう権利《けんり》が、子《こ》どもにはあるのです。そして、子《こ》どもは、自分《じぶん》にあった方法《ほうほう》で、自分《じぶん》の才能《さいのう》や力《ちから》を伸《の》ばしてもらう権利《けんり》があります。

また、あなたは、頭《あたま》の中《なか》で自由《じゆう》にいろいろなことを思《おも》ったり、考《かんが》えたり、感《かん》じたりしてよい権利《けんり》があります。

「楽《たの》しい」「悲《かな》しい」「好《す》きだ」「嫌《いや》だ」「おもしろい」「うれしい」

と、どんなふうに思《おも》ってもよいですし、どんなふうに感《かん》じたりしてもよいのです。

そして、他人《たにん》を傷《きず》つけないかぎり、その気持《きも》ちを言葉《ことば》にして話《はな》したり、自由《じゆう》にかいたり、からだで表現《ひょうげん》してよいのです。

もし、これを読《よ》んでいるあなたが、「自由《じゆう》に思《おも》ったり感《かん》じたりすることさえ許《ゆる》されない」とか、「他人《たにん》の顔色《かおいろ》をみてビクビクして安心《あんしん》できない」、というような毎日《まいにち》を過《す》ごしていたとしたら、それは、子《こ》どものせいではありません。

大人《おとな》の方《ほう》が子《こ》どもの大事《だいじ》な権利《けんり》を奪《うば》っているのです。

そして力《ちから》や経験《けいけん》のない子《こ》どもには、嫌《いや》なこと・つらいことから、全力《ぜんりょく》で守《まも》ってもらえる権利《けんり》があるのです。

子《こ》どもの大事《だいじ》な「権利《けんり》」を奪《うば》っている大人《おとな》がいたとしたら、たとえ、それが身近《みぢか》な人《ひと》であったとしても、子《こ》どもの権利《けんり》を奪《うば》っている大人《おとな》の方《ほう》が間違《まちが》っています。

クマちゃん先生より（1）

権利のお話

クマちゃん先生は小児科のお医者さんです。生まれたての赤ちゃんから、大人とあまり変わらない高校生まで、毎日たくさんの子どもと関わり続けています。皆さんは、生まれたばかりの赤ちゃんの目を見たことがありますか？　まだ何も自分一人ではできないその目は、心から幸せな人生を歩んでほしいと願わずにはいられない、本当にきれいな目をしています。

人は誰でも幸せになる権利を持っています。でも実際には「自分なんか生まれてこなければよかった」と考える子や、他の人や物、自分自身を傷つけないといられなくなってしまって、親やそのほかの大人から「困った子」と言われ続けている子どももいます。でもその子たちは「困った子」ではなく「困っている子」なんだと、クマちゃん先生は考えています。

みんなから褒められ、愛され、失敗したときには叱りつけられるのではなく、どうしたら次は同じ失敗をしないようにできるのか常に一緒に考えてくれる大人がいれば、「自分は自分のままでいいんだ」と思えるし、自分とは違う他の人にも優しくできるようになるのだと思います。

人と人は支え合って生きています。全く誰とも関わりあわずに生きている人は誰もいません。その人間社会の中でみんなが守らなければいけないルールをたった一つだけに絞らなければならないとしたら、クマちゃん先生は「自分がやられたら嫌なことを、他の人にはしない」ということだと思っています。
もし今この本を読んでいる君が、自分は幸せだと感じることができているならば、ぜひその幸せを他の人におすそ分けしてください。他人の幸せを自分の喜びのように感じ、他人が苦しんでいたら見て見ぬふりをせず、その人を守ってあげられる人になってください。
もし、今この本を読んでいる君が、自分は幸せだと感じることができない状態なのだとしたら、もしかしたら他の人の気持ちを考える余裕がなくなっているかもしれません。自分が大切にされていると思えない、つらい気持ちに蓋をし続けなければいけない中で育ってきたとしたら、「やられたら嫌なこと」を嫌だって感じる気持ちに気づけなくなってしまっているかもしれません。「誰かが自分を助けてくれる」って他人を信じる気持ちも沸き上がってこないかもしれません。

この本を読むとつらい気持ちが沸き起こってしまって、最後まで読むことが難しい子もいるかもしれません。でももしこのメッセージをここまで読むことができたのだとしたら、君はとても勇気があり、嫌だという気持ちを本当は誰よりも知っている、とても強い子なのだと思います。そのような子こそ誰よりも幸せになる権利を持っているのです。

君たち一人一人は、本当に澄んだ瞳をもって生まれてきた、一人一人がとても大切な存在です。そのことをどうか忘れないでほしいと思います。

大人《おとな》は、子どもの体《からだ》や心《こころ》を傷つけてはいけないのです
ボカッ
ズキッ
グサッ

第《だい》Ⅱ章《しょう》

「虐待《ぎゃくたい》」ってなあに？

【1】虐待《ぎゃくたい》とは

■大人《おとな》は子《こ》どもを絶対《ぜったい》に『虐待《ぎゃくたい》してはいけない』と法律《ほうりつ》で決《き》められています。法律《ほうりつ》はみんなで決《き》めた「ルール」です。

ここで、

これを読《よ》んでいる人《ひと》の中《なか》には、『虐待《ぎゃくたい》ってなんだろう』と思《おも》う人《ひと》もいるでしょう。

簡単《かんたん》な言葉《ことば》で説明《せつめい》すると、「力《ちから》の

ある人《ひと》が、その力《ちから》をつかって、困《こま》っている人《ひと》や、自分《じぶん》より弱《よわ》い人《ひと》の体《からだ》や心《こころ》を傷《きず》つけたり、とても嫌《いや》な思《おも》いをさせたりすることを「虐待《ぎゃくたい》」といいます。

もしかしたら、力《ちから》の強《つよ》い人《ひと》は「虐待《ぎゃくたい》なんかしていない」とか「お前《まえ》を傷《きず》つけようとしたのではない」とか「相手《あいて》に嫌《いや》な思《おも》いをさせようとは考《かんが》えていなかった」というような言《い》いわけをするかもしれません。でも、「された人《ひと》（子《こ》ども）」

が、痛《いた》いと感《かん》じたり、嫌《いや》な思《おも》いをしたと感《かん》じたりしたら、それは、虐待《ぎゃくたい》になります。

また、子《こ》どもはひとりで生《い》きていけないので、子《こ》どもといっしょに住《す》む大人《おとな》は、子《こ》どもに必要《ひつよう》なおせわをしなくてはなりません。

お世話《せわ》する大人《おとな》は、子《こ》どもの権利《けんり》を守《まも》ってあげなくてはなりません。

子《こ》どもの権利《けんり》を奪《うば》うようなことは、虐待《ぎゃくたい》になります。

虐待《ぎゃくたい》をしてしまっている大人《おとな》の中《なか》には、「この子《こ》を傷《きず》つけてやるぞ」と思《おも》って傷《きず》つけるわけではなく「子《こ》どもが悪《わる》いことをしたから、たたいて教《おし》えないときちんとした大人《おとな》になれない。だから、子《こ》どものためにしつけとして、教《おし》えてやっているのだ！」と思《おも》い込《こ》んでいる間違《まちが》った大人《おとな》もいます。でも、そういう教《おし》え方《かた》で、子《こ》どもが傷《きず》ついているのであれば、その教《おし》え方《かた》は、よい方法《ほうほう》ではありません。だから、そのような場合《ばあい》には、周《まわ》りの大人《おとな》が、「その方法《ほうほう》よりよい方法《ほうほう》があるよ」というふうに、子《こ》どもを傷《きず》つけてしまった大人《おとな》といっしょに、別《べつ》のよい方法《ほうほう》を話《はな》し合《あ》ってみんなで考《かんが》えていく必要《ひつよう》があります。

ここで、みんなで「よい方法《ほうほう》」を考《かんが》えるときに、虐待《ぎゃくたい》の種類《しゅるい》をおおまかに分類《ぶんるい》しておくと、話《はな》し合《あ》いがしやすくなります。

38ページから、おおまかな虐待《ぎゃくたい》の4つの種類《しゅるい》をあげてみました。

ただし、残念《ざんねん》ながら、ひとつの種類《しゅるい》の虐待《ぎゃくたい》を受《う》けるだけではなく、いろんな種類《しゅるい》の虐待《ぎゃくたい》を受《う》けてしまうこともあります。

またこの４つの種類《しゅるい》に当《あ》てはまらないような虐待《ぎゃくたい》もあります。

大事《だいじ》なのは、どの種類《しゅるい》の虐待《ぎゃくたい》なのかはさておき、大人《おとな》のふるまいによって子《こ》どもが「嫌《いや》だ」「つらい」という

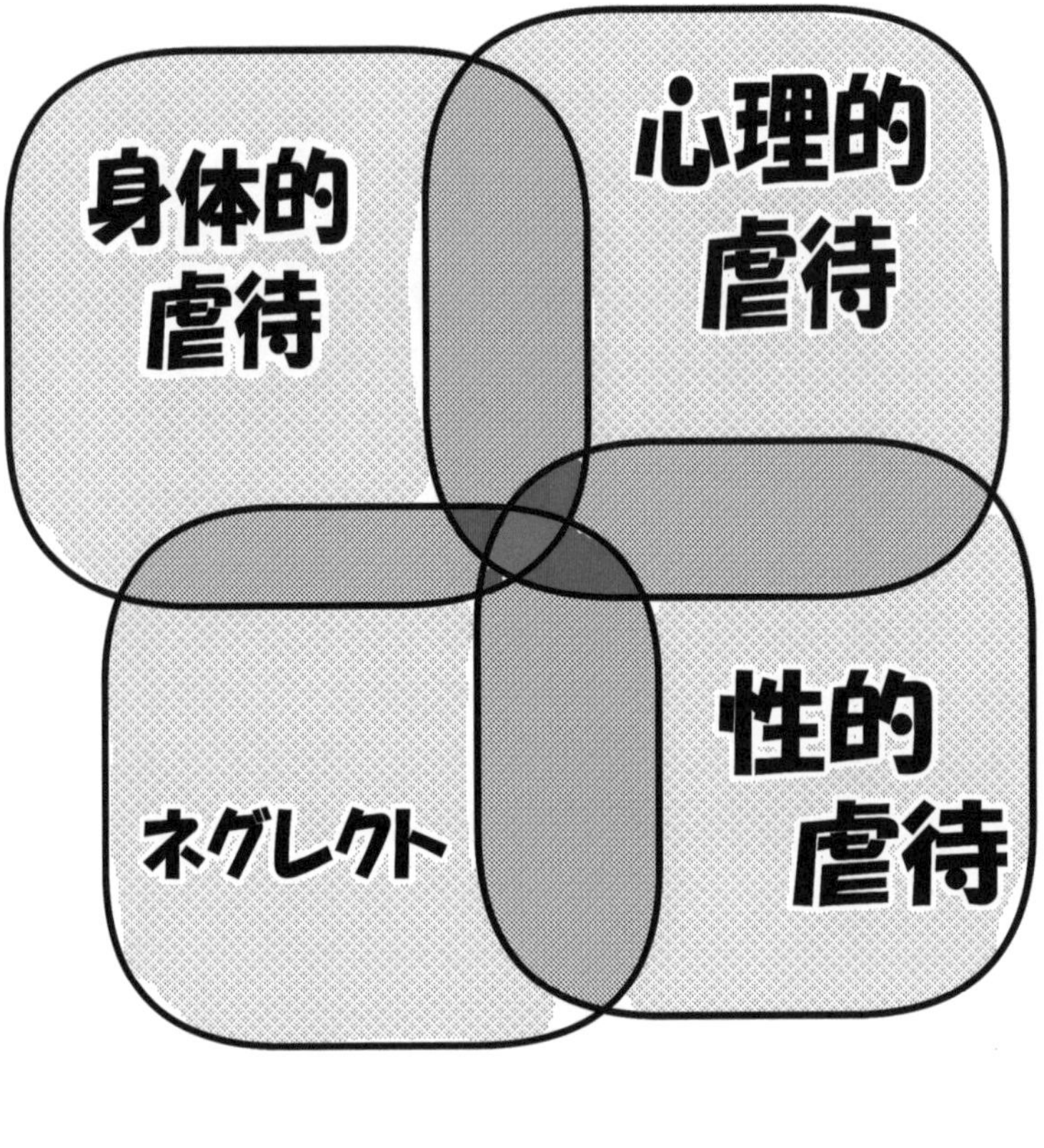

気持《きも》ちになっていることを解決《かいけつ》することなのです。

【2】虐待《ぎゃくたい》の種類《しゅるい》

① 身体的《しんたいてき》虐待《ぎゃくたい》

大人《おとな》が子《こ》どもに暴力《ぼうりょく》をふるうことを身体的《しんたいてき》虐待《ぎゃくたい》といいます。
ぶったり、けったりして目《め》に見《み》えるような怪我《けが》をさせた場合《ばあい》
だけでなく、傷跡《きずあと》が残《のこ》らないように痛《いた》めつけたり、
子《こ》どもが「痛《いた》いことを
されるんじゃないか」
というような怖《こわ》い思《おも》いを
したとしたら、
身体的《しんたいてき》虐待《ぎゃくたい》になります。

また、子《こ》どもをお風呂《ふろ》に沈《しず》めたり、とても寒《さむ》いときに家《いえ》の外《そと》に閉《し》め出《だ》すなど、子《こ》どもの体《からだ》に負担《ふたん》がかかるような行為《こうい》は、すべて身体的虐待《しんたいてきぎゃくたい》になります。

② 心理的虐待《しんりてきぎゃくたい》

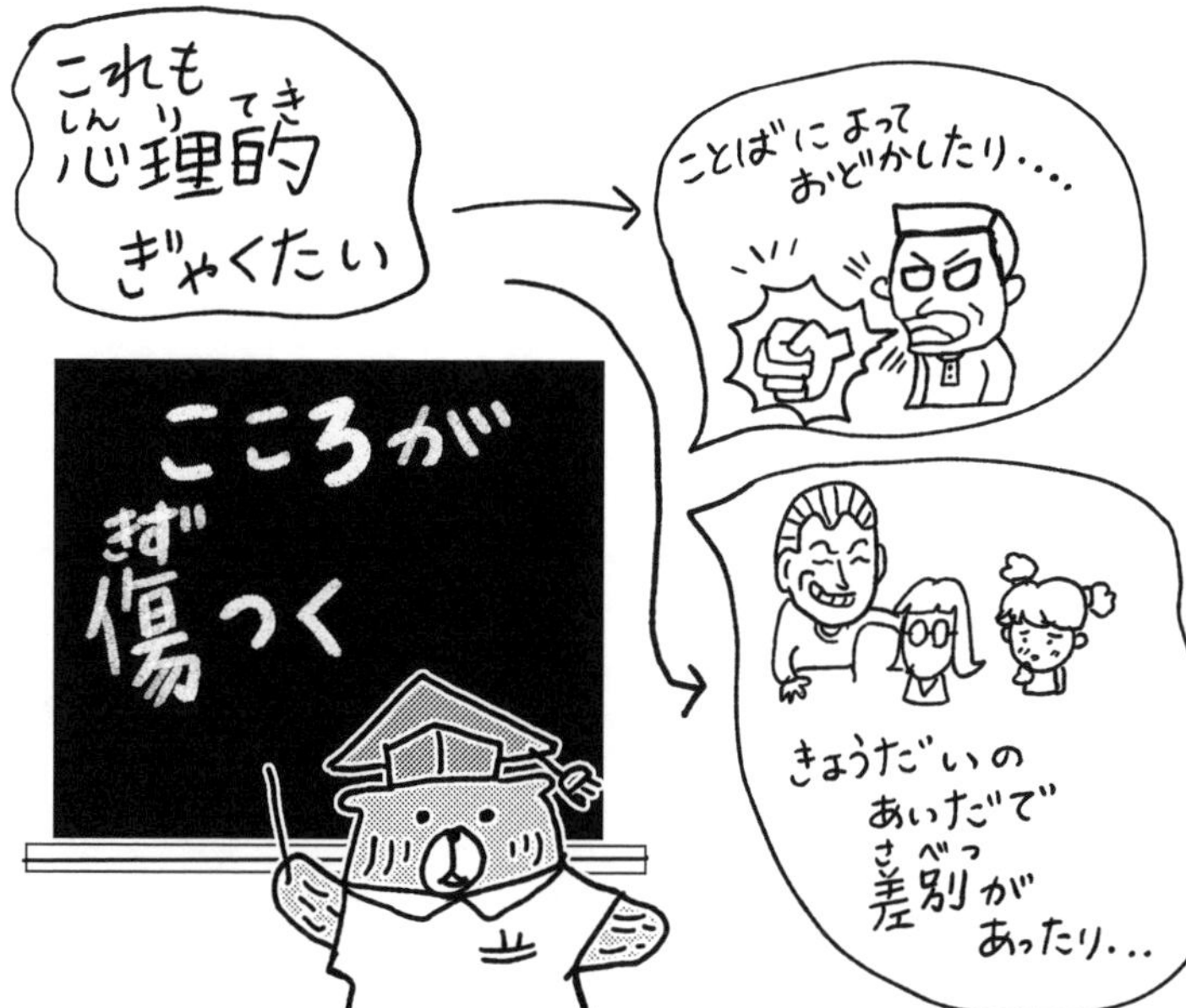

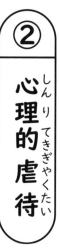

体《からだ》に傷《きず》をつけることだけでなく、子《こ》どもの心《こころ》を傷《きず》つける言葉《ことば》や行動《こうどう》も、虐待《ぎゃくたい》になります。たとえば、嫌《いや》な言葉《ことば》を浴《あ》びせ続《つづ》けたり、言葉《ことば》でおどしたりすることも虐待《ぎゃくたい》になります。

また、兄弟《きょうだい》（姉妹《しまい》）のどちらかを、特別扱《とくべつあつか》いして差別《さべつ》をすることで子《こ》どもが嫌《いや》な思《おも》いをすることも虐待《ぎゃくたい》になります。

ズキズキ
グサッ

さらには、子《こ》どもには暴力《ぼうりょく》や暴言《ぼうげん》が及《およ》んでいなかったとしても、お家《うち》の中《なか》で、大人《おとな》どうしが暴力《ぼうりょく》をふるっていたり暴言《ぼうげん》をはいていたりするのを見《み》ることは、子《こ》どもにとってはつらい体験《たいけん》をしていることになるので、心理的虐待《しんりてきぎゃくたい》に当《あ》てはまります。

③ ネグレクト《ねぐれくと》

「ネグレクト《ねぐれくと》」と聞《き》いてもピンとこない人《ひと》も多《おお》いでしょう。もう少《すこ》しわかりやすく説明《せつめい》すると、「子《こ》どもが、大人《おとな》から必要《ひつよう》なお世話《せわ》を受《う》けられなくて、
つらい思《おも》いをしたり、危険《きけん》な目《め》に
あってしまったり
すること」をネグレクト《ねぐれくと》と言《い》います。

たとえば、

「ご飯《はん》を食《た》べさせてもらえない」「服《ふく》を着替《きが》えさせてもらえない」「歯磨《はみが》きを見《み》てもらえず虫歯《むしば》がいっぱい」「必要《ひつよう》なのに病院《びょういん》に連《つ》れて行《い》ってもらえない」というのはすべてネグレクト《ねぐれくと》に当《あ》たります。また、「子《こ》どもが愛情《あいじょう》を求《もと》めてもそれに全《まった》く答《こた》えようとしない」というのもネグレクト《ねぐれくと》に当《あ》たります。

④ 性的虐待《せいてきぎゃくたい》

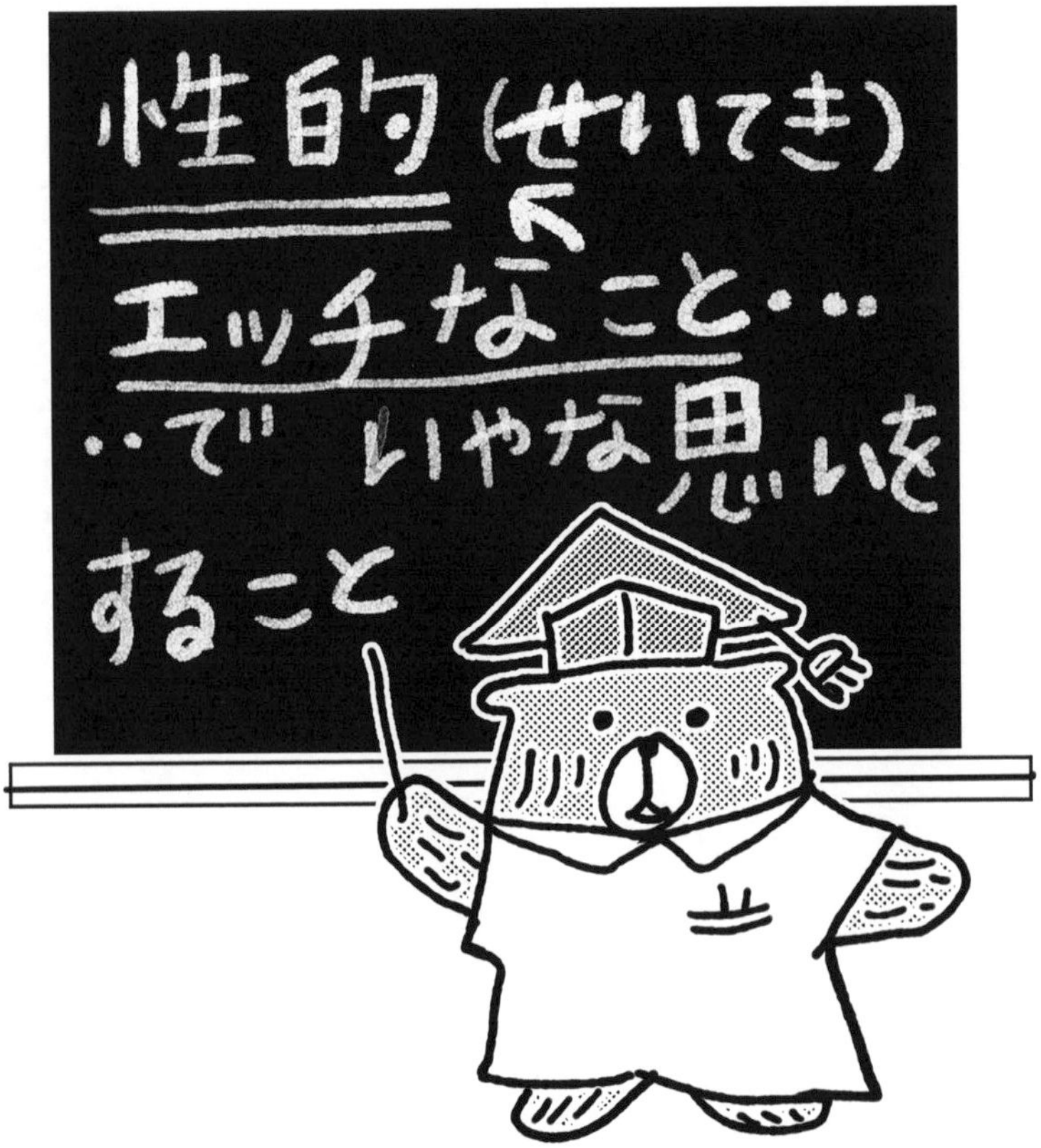
性的（せいてき）
エッチなこと……
……でいやな思いをすること

あなたがだれかにさわられたとき
「うれしいな」と感《かん》じるタッチと
「嫌《いや》だな」と感《かん》じるタッチがあると思《おも》い
ます。

たとえば、だっこされたり、おんぶさ
れたり、
頭《あたま》をなでなでされたり、
寝《ね》るときに、やさしくおなかを

「とんとん」されたりするようなタッチは嬉《うれ》しいなと思《おも》うことが多《おお》いかもしれませんね。

でも、おなじタッチでも「誰《だれ》が触《さわ》るか」とか「自分《じぶん》のからだのどこをさわるか」などによって、あなたにとって「うれしい」タッチかどうかはさまざまです。

触《さわ》る人《ひと》が全然《ぜんぜん》知《し》らない人《ひと》であったり、親《した》し

い人《ひと》でも、自分《じぶん》の体《からだ》の中《なか》で触《さわ》って欲《ほ》しくない部分《ぶぶん》を触《さわ》られたら「嫌《いや》だな」と感《かん》じますよね。

子《こ》どものあなたが、「触《さわ》られて嫌《いや》だな」と感《かん》じたとしても、すぐに「触《さわ》らないで！　嫌《いや》だ！」というのが難《むずか》しいこともあります。

だから、お医者《いしゃ》さんが診察《しんさつ》をするときや、ケガをしてお薬《くすり》をぬらなくてはいけないとき以外《いがい》は、子《こ》どものからだの大事《だいじ》な部《ぶ》分《ぶん》（水着《みずぎ》や下着《したぎ》で隠《かく》れる部分《ぶぶん》）は、触《さわ》ってはいけないルールになっています。

この「大事《だいじ》な部分《ぶぶん》」を「プライベート・パーツ」とか「プライベート・ゾーン」といいます。

大人《おとな》どうしでも、相手《あいて》がよいと思《おも》っていないのに、体《からだ》の「プライベート・パーツ」を勝手《かって》にさわることは、いけないのです。また一度《いちど》「いいよ」と相手《あいて》が言《い》ったとしても、いつでもいいというわけではありません。

「プライベート・パーツ」は、男《おとこ》の人《ひと》と女《おんな》の人《ひと》でちがう形《かたち》をし

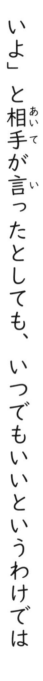

ています。このような「男《おとこ》の人《ひと》と女《おんな》の人《ひと》で違《ちが》っていること」を、大人《おとな》の言葉《ことば》で「性《せい》」の問題《もんだい》といいます。このような「性《せい》」の問《もん》題《だい》で、嫌《いや》な思《おも》いをしたり、もしくは嫌《いや》な思《おも》いをさせたり、怖《こわ》い思《おも》いをしたり、させたり、どうしていいかわからないという思《おも》いをさせてはいけない、というのがみんなで暮《く》らすルールです。このルールがやぶられることを「性的虐待《せいてきぎゃくたい》」と言《い》います。プライベート・パーツを触《さわ》られるだけでなく、たとえば、誰《だれ》かが裸《はだか》になっている写真《しゃしん》や映像《えいぞう》などを見《み》させられたり、自分《じぶん》が裸《はだか》になっているところをのぞかれたり、写真《しゃしん》を撮《と》られたりするのも性的虐待《せいてきぎゃくたい》になります。

また、大人《おとな》の「プライベート・パーツ」を触《さわ》らせられたりするのも性的虐待《せいてきぎゃくたい》です。

■まとめの言葉《ことば》

大人《おとな》はどんな立場《たちば》の人《ひと》でも子《こ》どもを虐待《ぎゃくたい》してはいけません。すべての人《ひと》は、子《こ》どもを虐待《ぎゃくたい》してはいけないのです。

「すべて」ですから、たとえ、その「大人《おとな》」があなたの身近《みぢか》にいる人《ひと》……、たとえば、お父《とう》さんやお母《かあ》さんや、親戚《しんせき》の人《ひと》や、お兄《にい》ちゃん、お姉《ねえ》ちゃん、学校《がっこう》や習《なら》い事《ごと》の先生《せんせい》などであったとしても、子どものあなたを虐待《ぎゃくたい》してはいけないのです。

あなたは、今《いま》、この本《ほん》をどこで読《よ》んでいますか。

学校《がっこう》の図書室《としょしつ》ですか。
それとも児童館《じどうかん》ですか。
図書館《としょかん》ですか。
留守家庭児童会《るすかていじどうかい》ですか。
放課後児童《ほうかごじどう》クラブですか。

あなたがこれから帰《かえ》るお家《うち》は
安心《あんしん》できる場所《ばしょ》ですか。

もし、あなたが
「お家《うち》に帰《かえ》るのが嫌《いや》だなあ……」。
と毎日《まいにち》ビクビクしながら思《おも》い
続《つづ》けているとしたら、その理由《りゆう》は何《なん》ですか。
たとえばその理由《りゆう》が、
「大人《おとな》のご機嫌《きげん》をみて、ビクビクしながらいつも緊張《きんちょう》しなくて
はいけないから、嫌《いや》なんだ」――という理由《りゆう》だったとしたら、
信《しん》じられる別《べつ》の大人《おとな》にその気持《きも》ちを伝《つた》えてみてください。

伝《つた》えたり話《はな》すのがうまくいかなくても、
それはあなたのせいではありません。
子《こ》どもの「助《たす》けてほしい」というサインをみつけ、
子《こ》どもを助《たす》けるのは大人《おとな》の大事《だいじ》な責任《せきにん》です。
子《こ》どもの「声《こえ》」「気持《きも》ち」をきいたり、
なんとかしようと思《おも》っている大人《おとな》の人《ひと》もいますし、
そういうことを職業《しょくぎょう》にしている大人《おとな》もたくさんいます。
だから、「どうせ聞《き》いてもらえないんだろうな」とか

「言《い》っても無駄《むだ》かな」とか「助《たす》けてって言《い》ってもむりかもな」と考《かんが》えてしまうかもしれませんが、自分《じぶん》の気持《きも》ちを聞《き》いてくれる人《ひと》・助《たす》けてくれる大人《おとな》は、かならずいます。

だから、困《こま》ったときや、くるしいときは、大人《おとな》に相談《そうだん》してみてください。相談《そうだん》した大人《おとな》が頼《たよ》りにならなかったり、「君《きみ》にも悪《わる》い所《ところ》があるんじゃないか？」など100％子《こ》どもの味方《みかた》になってくれないこともあります。

そのようなときでも、どうかあきらめずに別《べつ》の大人《おとな》の人《ひと》に相《そう》談《だん》してみてください。

くわしくは、168ページからの、「助《たす》けて」と思《おも》ったら――を読《よ》んでみてください。

どんな大人《おとな》に相談《そうだん》できるか「たとえ」をかいておきました。

参考《さんこう》にしてください。

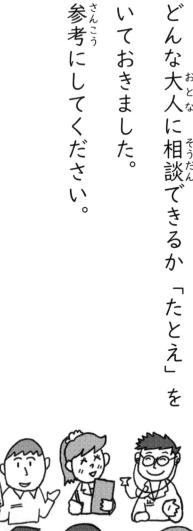

クマちゃん先生より（2）

虐待ってなあに

虐待っていう言葉を聞いて、どのようなことを思い浮かべますか？　クマちゃん先生が子どもの頃は、「日本には虐待なんてほとんどない」って偉い学者の先生もみんなそう考えていました。でもクマちゃん先生は、子どもに虐待をしてしまったお父さんやお母さんといろいろ話をし、子どもだった頃の話を聞くと、ほとんどのお父さんやお母さんが虐待されていたことが分かってきました。でも子ども時代に虐待されていた大人の多くは、「自分は虐待なんかされていない」と考えていることも分かりました。

昔は虐待という言葉を、残虐な待遇（＝子どもをボコボコにすること）と考えていて、「しつけのために叩くことは虐待じゃないんだ」「親は自分の子どもには、何をしてもいいんだ」って考えていました。親の暴力や放置によって、つらい思いをしている子どもがいても「他の家のことだから」って見て見ぬふりをしていました。未熟でいろいろなことができない子どもよりも、大人こそが優先されるべきだって考えられていました。食べるものにも困っていた大昔には「間引き」といって生まれたばかりの赤ちゃんを殺したり、「口減らし」といって子どもを売りに出したりすることすら、仕方がないこととして黙認されていたのです。

１９９０年にようやく「子どもは大人と同様の人権を有しているだけで

なく、成長過程で特別な保護や配慮が必要という子どもならではの権利を有している」ことが国際ルールで定められ、１９９４年に日本もそのルールを守ることになったのです。

今では虐待を「子どもの権利を守るために力を使わなくてはいけない大人が、逆にその力を間違って使ってしまい、子どもの権利が侵害されること」という幅広い意味でとらえ、そのような状態は改善しなければいけない、というルールになったのです。

例えば道で誰かに暴力をふるったら「暴行罪」、それでけがをさせたら「傷害罪」という罪になり、世話をしなければいけない人の世話をしなければ「保護責任者遺棄罪」、子どもを相手に性的なことをすれば「強制わいせつ罪」「監護者性交等罪」「青少年保護育成条例違反」などの罰に問われます。他の人にしたら犯罪になることを、自分の子どもであればしてもいいというのは、絶対に間違った考えなのです。

自分を守ってくれるはずの親から、虐待を受け続けることは、深刻な影響を子どもに起こします。「何をしてもだめだ」とエネルギーをそがれて家に引きこもってしまう子もいれば、つらさに耐えかねて家出してしまう子もいます。でも飛び出した先で出会う大人は、子どもの権利を守るどころか、子どもを利用しようとする大人の場合も多いのです。

虐待は「助けて」というＳＯＳを出す力も奪ってしまいます。でも子どもの発信するわずかなＳＯＳをキャッチし、子どもの権利を全力で守ろうとする大人も世の中にはいる、という希望の光をわずかでも、どうか絶やさないでい続けて欲しいと心から願っています。

第《だい》Ⅲ章《しょう》

お友達《ともだち》に起《お》こった「虐待《ぎゃくたい》」のお話《はなし》

大人《おとな》は、子どもの体《からだ》や心《こころ》を傷つけてはいけないのです
ボカッ
ズキッ
グサッ

第Ⅲ章を読《よ》む前《まえ》の注意点《ちゅういてん》

第Ⅲ章は、お友達《ともだち》に起《お》こった虐待《ぎゃくたい》について、具体的《ぐたいてき》なお話《はなし》をしています。具体的《ぐたいてき》なお話《はなし》ですから、読《よ》んでいてつらくなったり、かわいそうな気持《きも》ちになってしまうかもしれません。特《とく》に同《おな》じような体験《たいけん》をしたことがある子《こ》どもは、そのときのことを思《おも》い出《だ》してとてもつらくなってしまう可能性《かのうせい》があります。少《すこ》しでもつらくなったりしたら、すぐに本《ほん》を閉《と》じてつらくなった気《き》持《も》ちを、ぜひ信頼《しんらい》できる大人《おとな》に話《はな》してください。

【1】チーちゃんのお話《はなし》

（一緒《いっしょ》に考《かんが》えてみましょう）

ある日《ひ》のことです。チーちゃんが学校《がっこう》から家《いえ》に帰《かえ》ると、お父《とう》さんがお酒《さけ》を飲《の》みながらテレビを見《み》ていました。

チーちゃんのお父《とう》さんは、ずいぶんまえに警察《けいさつ》の仕事《しごと》をしていたらしいのですが、すぐに辞《や》めて、その後《あと》は仕事《しごと》がコロ

コロかわっていました。

今《いま》は、「遅出《おそで》」「早出《はやで》」「深夜勤務《しんやきんむ》」などがある、働《はたら》く時間《じかん》や休《やす》みが不規則《ふきそく》な仕事《しごと》をしていました。

だから、平日《へいじつ》の夕方《ゆうがた》にお父《とう》さんがいても、普通《ふつう》なのです。

チーちゃんは、小《ちい》さな声《こえ》で
「ただいま」と言《い》いました。


お母《かあ》さんは、「パート」の仕事《しごと》に出《で》ていていませんでした。

すると、お父《とう》さんはテレビのニュースを見《み》ながら、偉《えら》い人《ひと》の悪口《わるくち》を言《い》いはじめました。

そして、チーちゃんに怒鳴《どな》りながら言《い》いました。

「こんなやつが政治家《せいじか》をやっていたら、だめだよな。●●党《まるまるとう》は馬鹿者《ばかもの》ばかりだ。

俺《おれ》が警察《けいさつ》にいれば、こんなやつらは

こらしめてやるのに。

チー、オマエもそう思《おも》うだろ？」

チーちゃんは、内心《ないしん》、テレビに出《で》ている偉《えら》い人《ひと》のことも、政《せい》治《じ》のこともよくわからなかったので、なんて言《い》えばいいのかわかりませんでした。

でも、もし「わからない」と正直《しょうじき》に言《い》ったとしても、どうせ怒鳴《どな》られて怒《おこ》られるだけだとチーちゃんは思《おも》いました。

だからチーちゃんは、お父《とう》さんのご機嫌《きげん》をそこねないように、話《はなし》をあわせて、言《い》いました。
「そうだよね。
お父《とう》さん、すごいね。
お父《とう》さんの言《い》うとおりだと
チーも思《おも》うよ」
実《じつ》は、
ふだんからチーちゃんは、
お母《かあ》さんに言《い》い聞《き》かされていたこと

がありました。
「チーちゃん、うちでは
お父《とう》さんが一番《いちばん》だからね。
チーがもし悪《わる》いことをしたら、
お父《とう》さんの名前《なまえ》も知《し》れ渡《わた》って、
ご近所《きんじょ》さんの間《あいだ》で
『元警察官《もとけいさつかん》のお父《とう》さんの
子どもである「チー」が

犯罪《はんざい》を犯《おか》した』といううわさが広《ひろ》まって、お父《とう》さんが恥《は》ずかしい思《おも》いをしてしまうのよ。そうなったら困《こま》るし家《いえ》の恥《はじ》になるから、チーはくれぐれも悪《わる》いことはしちゃダメよ」

チーちゃんはお母《かあ》さんからずっと言《い》われていたので、うたがうことなく、

「お父《とう》さんは正《ただ》しいものなんだ、昔《むかし》、警察官《けいさつかん》をしていた人《ひと》なんだから間違《まちが》ったことをするはずがない」と、信《しん》じこんでいました。

チーちゃんは、お父《とう》さんに話《はなし》を合《あ》わせ、お父《とう》さんの愚痴《ぐち》を何《なん》時間《じかん》も聞《き》いてあげました。

チーちゃんは、お父《とう》さんがご機嫌《きげん》になるように、お世辞《せじ》を言《い》ったり、相《あい》づちをうってあげるのが得意《とくい》でした。

このとき、本当《ほんとう》は、チーちゃんは心《こころ》の中《なか》で、「宿題《しゅくだい》をしたいな」と思《おも》っていました。

しかも途中《とちゅう》で、トイレにも行《い》きたくなってきました。

でも、お父《とう》さんの話《はなし》の途中《とちゅう》で
自分《じぶん》がトイレにいったら、
お父《とう》さんは気分《きぶん》を悪《わる》くすると思《おも》
い、
話《はなし》が終《お》わるのを待《ま》っていました。
だんだん足《あし》もしびれてきまし
た。
そこで、チーちゃんは、自分《じぶん》の足《あし》がし

びれないように、お尻《しり》をうかせたり、足《あし》を横《よこ》にしたりして工夫《くふう》していました。
すると、急《きゅう》にお父《とう》さんが
「何《なん》だ、その座《すわ》りかたは！
女座《おんなずわ》りか?!　とんび座《ずわ》りか?!
オマエは人《ひと》の話《はなし》を聞《き》く礼儀《れいぎ》も
わからんのか?!」と、怒鳴《どな》り出《だ》しました。

チーちゃんは「女座《おんなずわ》り」とか「とんび座《ずわ》り」というものがどんな座《すわ》り方《かた》なのかもわかりませんでしたが、とにかく、自分《じぶん》は、正座《せいざ》をくずしたことがとても悪《わる》いことだったのだと思《おも》い、

「ごめんなさい、ごめんなさい」

と言《い》いました。

しかし、いったん火《ひ》がついたように

激怒《げきど》しはじめたお父《とう》さんの怒《いか》りはおさまるようすがありません。
どんどん声《こえ》が大《おお》きくなっていきます。
「何様《なにさま》だ！　女《おんな》のくせに！」
チーちゃんは不機嫌《ふきげん》になったお父《とう》さんが
怖《こわ》くなり、体《からだ》がかたくなりました。
そして、チーちゃんは、
とうとう我慢《がまん》しきれず、おしっこをもらしてしまいました。
すると、お父《とう》さんは、

「オマエは、しっこタレか?! 何歳《なんさい》だと思《おも》っているんだ!
幼稚園児以下《ようちえんじいか》だな! 脳《のう》みそが腐《くさ》って
いるんじゃないのか?!」
と、ますます激《はげ》しく怒《おこ》りだしました。
お父《とう》さんは、チーちゃんの髪《かみ》を鷲《わし》づ
かみにして、
引《ひ》きずりまわし、チーちゃんを
壁《かべ》に打《う》ちつけたり、

頭《あたま》の横《よこ》をたたいたりしました。

チーちゃんは

「痛《いた》いよ、痛《いた》いよ」

と言《い》いましたが、

お父《とう》さんは、チーちゃんを玄関《げんかん》に引《ひ》きずっていき寒《さむ》い外《そと》に

放《ほう》り出《だ》し、

家《いえ》の鍵《かぎ》をかけてしまいました。

チーちゃんは、家《いえ》に入《はい》れなくなってしまいました。
玄関《げんかん》で、角《かど》のあるところにいろいろなところをぶつけてしまい、血《ち》が出《で》ていました。
外《そと》はとても寒《さむ》くて白《しろ》い息《いき》がでました。
手《て》の指先《ゆびさき》はカチカチになってしまって、

足《あし》は、靴《くつ》を履《は》く暇《ひま》がなくて靴下《くつした》のままだったので、寒《さむ》さで感覚《かんかく》もなくなってきました。
随分時間《ずいぶんじかん》が経《た》ち、お母《かあ》さんがパートの仕事《しごと》から帰《かえ》ってきました。

お母《かあ》さんは、驚《おどろ》いてチーちゃんを抱《だ》きしめました。
お母《かあ》さんは
『チー、寒《さむ》かったでしょう』
と言《い》ってくれました。
お母《かあ》さんが家《いえ》の鍵《かぎ》を持《も》っていたので、一緒《いっしょ》におそるおそる家《いえ》に入《はい》ると、お父《とう》さんが

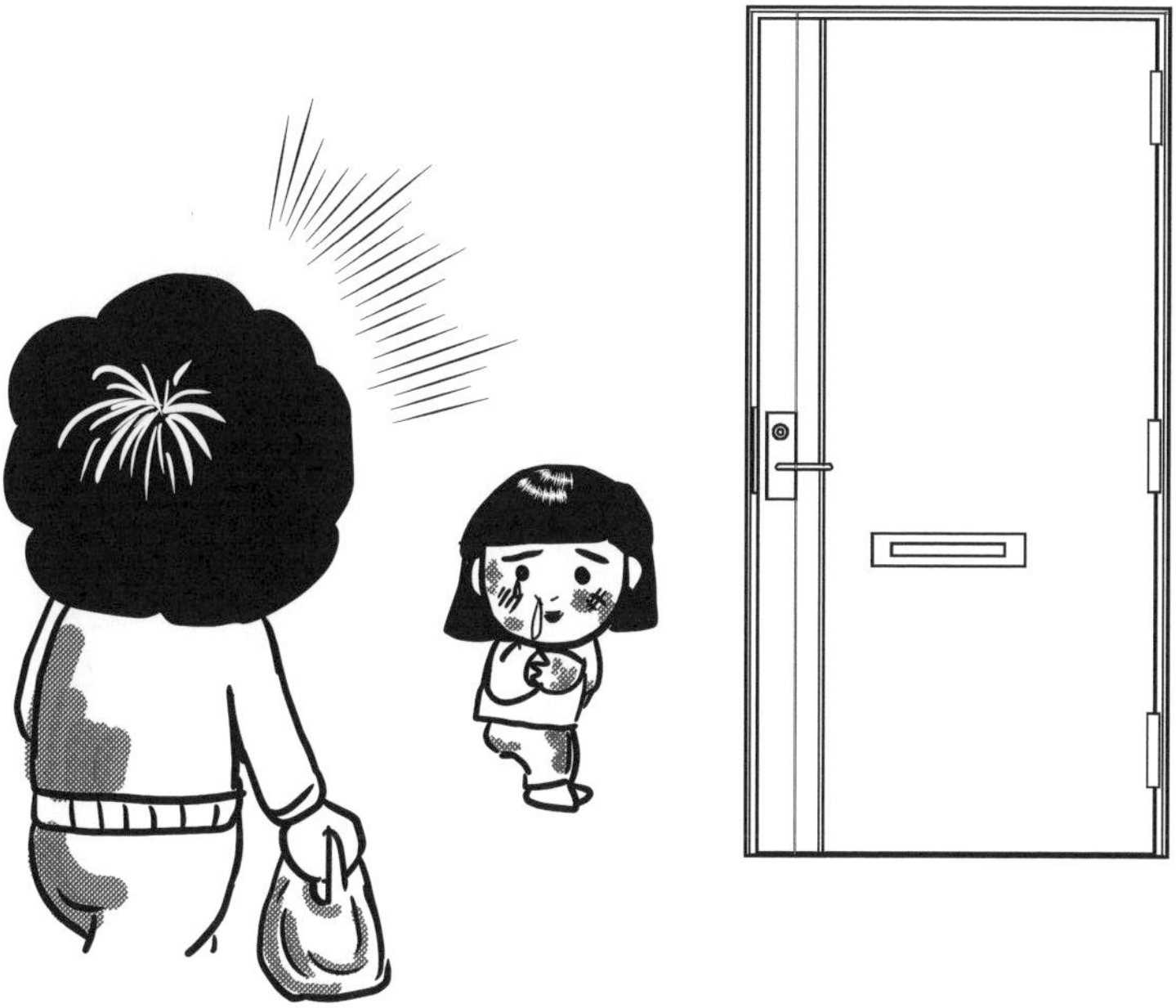

言《い》いました。
「こいつが、しっこを
漏《も》らしたから、
しつけとしてやったのだ。
チーのためだ。チーは子《こ》どもだから、
今《いま》はわからないかもしれないけど、
成長《せいちょう》したら、オレのしつけのありが
たみがわかるだろうな」

お母《かあ》さんはだまって晩《ばん》ご飯《はん》の準備《じゅんび》をはじめました。
チーちゃんは、耳《みみ》がじんじんして痛《いた》くなってきました。
チーちゃんは、なぜだか涙《なみだ》が出《で》そうになりました。
でも、泣《な》いているところをお父《とう》さんに見《み》られたら、そのことでまた、
お父《とう》さんが「チーは根性《こんじょう》のないやつだ」と怒《おこ》り出《だ》すと思《おも》い、
チーちゃんはいっしょうけんめい涙《なみだ》をこらえました。

■いっしょに考《かんが》えてみましょう

あなたは、チーちゃんのお話《はなし》を読《よ》んで、どう思《おも》いましたか。
読《よ》む人《ひと》によって、いろいろな感想《かんそう》があるでしょう。

『チーちゃんのお父《とう》さんは、
おしっこを漏《も》らした子《こ》どもに
しつけとしてやっている
ことだから、厳《きび》しくても

しょうがないのかな』
と思《おも》いましたか。
それとも、
『お父《とう》さんは酷《ひど》いなあ。チーちゃん、可哀想《かわいそう》』
と思《おも》いましたか。
それとも、
『わたしはチーちゃんの気持《きも》ちがわかるような気《き》がする。
うちと似《に》ているところがある。悲《かな》しくなった』

と思《おも》った人《ひと》もいるかもしれませんね。

あるいは

『お母《かあ》さんは優《やさ》しいのかな』とか、

『チーちゃんは、お母《かあ》さんが怒《おこ》られないように
かばっていて、偉《えら》いのかな？』

と思《おも》ったかもしれませんね。

「はっきり言《い》うことはできないけど、
なんとなく嫌《いや》な気分《きぶん》になる話《はなし》だな」

とモヤモヤした人《ひと》もいるでしょう。

「あまりよくわからない」

「たいくつなお話《はなし》だなあ」

と思《おも》った人《ひと》もいるでしょう。

いろいろな感想《かんそう》があるでしょう。

まず、ここで重要《じゅうよう》なのは
これを読《よ》んで、どんなふうに思《おも》って
も、あなたの自由《じゆう》です。

あたまのなかで
どんなことを おもっても
どんな きもちに なっても
じゆう です!!!
ムカムカ
わく
わく
いやな
きもち…

ふだん、生活《せいかつ》していても、悲《かな》しい気持《きも》ち・嬉《うれ》しい気持《きも》ち・腹《はら》が立《た》つ・むかむかする・楽《たの》しいな・なんとなく嫌《いや》な感《かん》じだな・おもしろいぞ・ウキウキしちゃう・わくわくする・しょんぼりする……

——というような

「気持《きも》ち」というものは勝手《かって》に

わいてきますよね。

他人《たにん》の目《め》から見《み》て「気持《きも》ち」というものは外《そと》からは見《み》えませんし、あなたの脳《のう》の中《なか》で、自然《しぜん》にわいてくる「気持《きも》ち」というものは自分自身《じぶんじしん》でも止《と》められません。だから、どんなふうな気《き》持《も》ちがわいてきてもよいのです。

どんなふうな気持《きも》ちがわいてきても、あなたは悪《わる》くないのです。

「悲《かな》しい気持《きも》ちになったらダメだぞ！」と言《い》われても、勝手《かって》にわきあがる悲《かな》しい気持《きも》ちを自分《じぶん》でとめることはできませんよね。どんな「気持《きも》ちになるか」ということは自由《じゆう》なのです。
――その上《うえ》で、チーちゃんのお話《はなし》をもう一度《いちど》考《かんが》えてみましょう。

チーちゃんは、次《つぎ》の日《ひ》学校《がっこう》に行《い》ったとしても、チーちゃんさえ黙《だま》っていれば、体《からだ》の傷《きず》は、服《ふく》で隠《かく》れているので誰《だれ》にも気《き》づかれないでしょう。心《こころ》についた傷《きず》も外《そと》からは見《み》えません。

でも、これはあきらかに『虐待《ぎゃくたい》』です。

このお話《はなし》の中《なか》で、いちばん痛《いた》くて、つらくて、くるしくて、嫌《いや》な思《おも》いをしているのはチーちゃんです。

チーちゃんのお父《とう》さんは、チーちゃんの権利《けんり》をたくさん奪《うば》っています。

また、大人《おとな》は「しつけだ」という目的《もくてき》であっても、子《こ》どもに暴力《ぼうりょく》をふるったり、傷《きず》つけたりするような教《おし》え方《かた》をしては、絶《ぜっ》対《たい》にいけないのです。

だから、チーちゃんは、別《べっ》の大人《おとな》の誰《だれ》かに助《たす》けをもとめてよいのです。

そして、チーちゃんが「誰《だれ》にも相談《そうだん》できない、どうしよう」と思《おも》ったとしても、それはチーちゃんが悪《わる》いわけではありません。まわりの大人《おとな》の誰《だれ》かが、チーちゃんの痛《いた》みに気《き》づいて、対応《たいおう》してあげなくてはいけません。

チーちゃんのお母《かあ》さんも、お父《とう》さんの虐待《ぎゃくたい》に気《き》づきながら、チーちゃんを守《まも》ってあげていません。お母《かあ》さんはチーちゃんに直接暴力《ちょくせつぼうりょく》や暴言《ぼうげん》を使《つか》っているわけではありませんが、このような状態《じょうたい》も、ネグレクト《ねぐれくと》という虐待《ぎゃくたい》に当《あ》たります。

またもし、自分《じぶん》も虐待《ぎゃくたい》をされているのかもしれないな、と読《よ》んでいて思《おも》っても「自分《じぶん》はチーちゃんほどひどい虐待《ぎゃくたい》を受《う》けているわけではないから、我慢《がまん》しなくてはいけないな」と感《かん》じた子《こ》もいるかもしれません。

でも虐待《ぎゃくたい》は、大人《おとな》の都合《つごう》で起《お》こるものですから、放《ほお》っておいたらもっとひどい虐待《ぎゃくたい》を受《う》けてしまうかもしれません。子《こ》どもが我慢《がまん》をする必要《ひつよう》はまったくありません。困《こま》っているときにはいつでも相談《そうだん》していいのです。

【2】ターくんのお話《はなし》（身体的《しんたいてき》虐待《ぎゃくたい》）

ターくんは、宿題《しゅくだい》をしながら、おうちで妹《いもうと》のミーちゃんとお留守番《るすばん》をしていました。

すると、そこへお父《とう》さんが帰《かえ》ってきました。

「おう、宿題《しゅくだい》、やっていたのか」

と、お父《とう》さんは言《い》い、とてもご機嫌《きげん》なようすでした。

ターくんは、だまって宿題《しゅくだい》を

していました。

すると、ご機嫌《きげん》だったお父《とう》さんが
急《きゅう》に火《ひ》がついたように
どなりだしました。

「だれだ、ここのペンを、使《つか》ったヤツは！
このペンは、ここに、こうやって置《お》けと
言《い》ったはずだろ?!　使《つか》ったら、

あったところに置《お》け！
誰《だれ》がやったんだ！
そんなこともわからんのか！」
ターくんは怖《こわ》くなり、体《からだ》が
かたくなりました。
「ターか？　それともミーか?!　うそをつくなよ！」
お父《とう》さんはどなりながら、ターくんと
妹《いもうと》のミーちゃんの顔《かお》をかわるがわる

にらみつけました。
ターくんはこわくなり、
「しらないよ。ミーちゃんじゃない？」
と、言《い》いました。
するとお父《とう》さんは、ミーちゃんのうでを
ひねりあげ、
「おまえか？　おまえか？」と、どなりました。
そして、ミーちゃんにむかって、

「だらしないヤツだな。しつけがなっとらん」と言《い》い、
ミーちゃんの頭《あたま》の横《よこ》をたたいたり、
おもちゃのバットで
何度《なんど》も打《う》ったりしました。
ミーちゃんは、小《ちい》さいので
あんまりうまく話《はな》せませんが
打《う》たれるたびに
「…たい、たい、…ィたい、…たい、」

と小《ちい》さな声《こえ》で言《い》っていました。
気《き》がつくと、ミーちゃんのくちびるから
血《ち》がいっぱい出《で》ていました。
ターくんは、正直《しょうじき》、
「自分《じぶん》はお父《とう》さんの暴力《ぼうりょく》からまぬがれてよかった」
と思《おも》ってしまいました。
どれくらいの時間《じかん》がたったのかわかりませんが、
お父《とう》さんは、どこかに出《で》かけていきました。

ターくんは、胸《むね》がドキドキしてきました。
ミーちゃんの服《ふく》は、血《ち》とよだれがついてよごれています。
こんなことは、しょっちゅうあること
でした。
ミーちゃんは小《ちい》さな声《こえ》で
「いたい、いたい」
と言《い》い続《つづ》けています。
ターくんは、どうしたら

よいのかわからなくなってきました。
そこで、ターくんは、
ミーちゃんを連《つ》れて外《そと》にでました。
そして、外《そと》で出会《であ》った大人《おとな》の人《ひと》に
「ミーちゃんが、
いつもたたかれていて、
どうしたらいいかわからない」
と言《い》いました。

ターくんは、心《こころ》の中《なか》で、自分《じぶん》のお父《とう》さんのことを他人《たにん》に告《つ》げ口《ぐち》してしまったような気持《きも》ちになり、なんだか悪《わる》いことをしたような感《かん》じもしました。

でも、だいじょうぶでした。

ほかの大人《おとな》の人《ひと》が、助《たす》けてくれて、

ミーちゃんは病院《びょういん》で

怪我《けが》の手当《てあて》をうけることができました。

たたかれたミーちゃんも、ターくんも、

悪《わる》いことはひとつもしていないのです。

ターくんのせいではないのです。

ミーちゃんのせいでもないのです。

また、ターくんは自分《じぶん》が暴力《ぼうりょく》を受《う》けたくない一心《いっしん》で「ペンを使《つか》ったのはミーちゃんじゃない？」とお父《とう》さんに話《はな》し、そのことでミーちゃんは

ひどい暴力《ぼうりょく》を受《う》けることになってしまいました。

本来《ほんらい》、お兄《にい》ちゃんであるターくんはミーちゃんをかばってあげなくてはいけないのにひどい、って思《おも》った読者《どくしゃ》もいるかもしれませんね。

でも暴力《ぼうりょく》に対《たい》する恐怖心《きょうふしん》は、大人《おとな》であっても、自分《じぶん》の身《み》を守《まも》るために必死《ひっし》になってしまうものなのです。怖《こわ》い思《おも》いをさせて人《ひと》を思《おも》い通《どお》りにさせようとしたお父《とう》さんこそがまず反省《はんせい》し、変《か》わらなくてはいけないのです。

大人《おとな》は、たとえ「しつけだ」という理由《りゆう》でも、子《こ》どもに暴力《ぼうりょく》をふるって痛《いた》い思《おも》いをさせてはいけないのです。

でも、生《う》まれたときから、暴力《ぼうりょく》をふるわれていたり、暴力《ぼうりょく》を見《み》せられたりしてきた子《こ》どもは、「お父《とう》さんが家《いえ》でいつも自分《じぶん》にやるように、自分《じぶん》より弱《よわ》い人《ひと》には、暴力《ぼうりょく》を使《つか》って痛《いた》めつけて思《おも》い通《どお》りにしてもいいのかな」と間違《まちが》って覚《おぼ》えてしまう子《こ》どももいます。

暴力《ぼうりょく》をつかって、他《ほか》の人《ひと》を痛《いた》めつけたり、

思《おも》い通《どお》りにする方法《ほうほう》は、さらに「痛《いた》い人《ひと》」や「傷《きず》つく人《ひと》」をどんどん増《ふ》やすだけの間違《まちが》った方法《ほうほう》です。

また、殴《なぐ》ったり蹴《け》ったりたたいたり——、という暴力《ぼうりょく》ばかりではなく、道具《どうぐ》をつかって痛《いた》い目《め》にあわせたり、ベルトやバットで打《う》ったり、アイロンや煙草《たばこ》の火《ひ》でわざとやけどをさせたりすることも、絶対《ぜったい》にいけないことなのです。

【3】ノンちゃんのお話《はなし》
(心理《しんり》的《てき》虐待《ぎゃくたい》)

ノンちゃんは、お父《とう》さんによくどなられます。
とくに、おねえちゃんと
比《くら》べられて怒《おこ》られます。
たとえばノンちゃんはお父《とう》さ
んから
「おまえは、上《うえ》のおねえちゃんに
比《くら》べて、できが悪《わる》い。クズだし、
のろまだ。

おまえなんか
生《う》まれてこなければよかった」と
よく言《い》われます。
また、お父《とう》さんは二番目《にばんめ》の子《こ》は男《おとこ》の子《こ》が
ほしかったみたいで、女《おんな》のノンちゃんが生《う》
まれてとても残念《ざんねん》だったそうです。
だから、いつもお父《とう》さんはノンちゃんに
「おまえがうまれたとき、チンチンが

ついてなくてがっかりした。

女《おんな》だとわかったとたん、段《だん》ボールに

いれて、川《かわ》にすてようかと思《おも》った

くらいだ」

とゲラゲラ笑《わら》いながら

言《い》うのです。

ある日《ひ》のことです。

お家《うち》の加湿器《かしつき》のお水《みず》がなくなって、赤《あか》いランプがついていました。

それに気《き》がついたお父《とう》さんが、ノンちゃんにむかって言《い》いました。

「おい、ノン、加湿器《かしつき》に水《みず》、入《い》れろ」

ノンちゃんは、加湿器《かしつき》にお水《みず》を

補充《ほじゅう》したことがなかったので、
やりかたがわかりませんでした。
まごまごしていると、
お父《とう》さんがだんだんイライラして
きました。そして、
「ノン！
お前《まえ》はそんなこともできねえのか！
まったく、大馬鹿《おおばか》だな。

おまえの脳《のう》みそは、猿以下《さるいか》だな。
動物園《どうぶつえん》のチンパンジーのほうがマシだ。
少《すく》し考《かんが》えればわかるだろ？」
と、お父《とう》さんは大声《おおごえ》で怒鳴《どな》り出《だ》しました。
お説教《せっきょう》は何時間《なんじかん》も続《つづ》きました。
そして、お父《とう》さんはこうも
言《い》いました。
「お前《まえ》が男《おとこ》だったら、ぶん殴《なぐ》って教《おし》えてやるところだが、女《おんな》だから、手加減《てかげん》して、口《くち》で教《おし》えてやってるんだ。ありがたく思《おも》え！」と。
お父《とう》さんは、ノンちゃんをたたいたり、殴《なぐ》ったりしていませんが、なぜだかノンちゃんは、心《こころ》がずきずき痛《いた》むような気持《きも》ちになりました。

こんなことは、しょっちゅうでした。

ノンちゃんは、お父《とう》さんから大声《おおごえ》でののしられるたびに、目《め》に見《み》えるような傷《きず》は体《からだ》についていなくても「心《こころ》」にグサっと何《なに》かが刺《さ》さるような、気持《きも》ちになりました。

ノンちゃんは、
「男《おとこ》に生《う》まれなかった自分《じぶん》は悪《わる》い子《こ》なのかもしれない」とか
「自分《じぶん》は、馬鹿《ばか》だから、怒《おこ》られてもしかたがない」とか
「女《おんな》の子《こ》だから、ぶん殴《なぐ》らないで言葉《ことば》だけで
しつけしてくれているお父《とう》さんは偉《えら》い人《ひと》なのかもしれない」
とか
「男《おとこ》の子《こ》のようになれるよう頑張《がんば》らなくちゃいけないのかな」
とか、いろいろなことを思《おも》ってしまいます。

でも、やっぱりこんなふうにお父《とう》さんに言《い》われると、とても悲《かな》しくなり、心《こころ》がグサっと刺《さ》されるような気持《きも》ちになってしまいます。

そこで、ある日《ひ》、ノンちゃんは学校《がっこう》に行《い》ったとき、保健室《ほけんしつ》の先生《せんせい》に、そのまま気持《きも》ちを話《はな》してみました。

すると、保健室《ほけんしつ》の先生《せんせい》はとてもていねいに話《はなし》を聞《き》いてくれて、

「気持《きも》ちを話《はな》してくれて本当《ほんとう》にありがとうね！」

と言《い》ってくれました。

ノンちゃんは、言《い》ってよかったと思《おも》いました。

そして、先生《せんせい》は次《つぎ》に、こう教《おし》えてくれました。

「男《おとこ》に生《う》まれても女《おんな》に生《う》まれても、どっちがよいとか悪《わる》いとかということはなくて、人間《にんげん》はみんな平等《びょうどう》な

の。みんな大事《だいじ》。生《う》まれてこない方《ほう》がいい、なんていう子《こ》どもはひとりもいないのよ。もし、平等《びょうどう》にあつかわない大人《おとな》がいたとしたら、それは、そんなことをする大人《おとな》のほうが、問題《もんだい》なの。だから、もちろん、ノンちゃんは、ちっとも悪《わる》くないのよ」

そして、先生《せんせい》はこういうふうにも言《い》いました。

「ほんとうに『強《つよ》い人《ひと》』というのは、他人《たにん》に対《たい》して大声《おおごえ》で汚《きたな》い言《こと》葉《ば》や酷《ひど》い言葉《ことば》をあびせかけたりしないのよ。平気《へいき》で他人《たにん》が傷《きず》つく言葉《ことば》を言《い》うような大人《おとな》は、小《ちい》さいころ、人《ひと》の心《こころ》が傷《きず》つく言葉《ことば》を言《い》ったり言《い》われたりするのが当《あ》たり前《まえ》のように育《そだ》ってきた大人《おとな》なのかもしれないね。

でも、「言葉《ことば》」というのは、つかいかたを間違《まちが》うと、パッと見《み》た目《め》ではわからないけれど相手《あいて》の「心《こころ》」や「脳《のう》」を傷《きず》つけることになるの。

お父《とう》さんは、もしかしたら、心《こころ》の奥底《おくそこ》に、目《め》に見《み》えない傷《きず》があって、なおらないまま、大人《おとな》になったのかもしれないね」

ノンちゃんは、また苦《くる》しくなったら
ここに来《こ》よう、と思《おも》いました。
正直《しょうじき》に自分《じぶん》の気持《きも》ちを言《い》える場所《ばしょ》が
ひとつ増《ふ》えて、なんだかうれしくなり
ました。

そして、先生《せんせい》は、自分《じぶん》や、
お父《とう》さんの心《こころ》の傷《きず》をなおそうとしてく
れるかもしれないと思《おも》いました。

【4】ケイくんのお話《はなし》（ネグレクト《ねぐれくと》）

ケイくんのお母《かあ》さんは、なにかに夢中《むちゅう》になると、ケイくんの大事《だいじ》なお世話《せわ》を忘《わす》れてしまうことがよくあります。

たとえば、お母《かあ》さんは、パチンコが好《す》きなので、外《そと》のパチンコ屋《や》さんに行《い》ってしまうと、長《なが》い時間《じかん》、帰《かえ》ってこないことがよくあります。

そんなとき、ケイくんはお腹《なか》がすいても、がまんします。

ケイくんが学校《がっこう》に行《い》って一番楽《いちばんたの》しみにしていることは給食《きゅうしょく》です。

おなかいっぱい食《た》べられるからです。

ケイくんのお母《かあ》さんは、外《そと》でいろいろ忙《いそが》しい用事《ようじ》があるみたいで、あまりケイくんにかまってくれません。だから、ケイくんは、歯《は》をみがかなくても、しかられません。ケイくんが服《ふく》をきがえなくても、お風呂《ふろ》に入《はい》ったりしなくても、お母《かあ》さんは、気《き》にしません。

だから、最近《さいきん》はずーっとお風呂《ふろ》に入《はい》っ

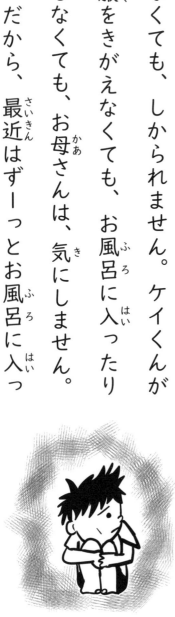

ていません。
ある日《ひ》のことです。
学校《がっこう》で、身体測定《しんたいそくてい》や、健康診断《けんこうしんだん》や歯科検診《しかけんしん》がありました。
保健室《ほけんしつ》にお医者《いしゃ》さんや看護師《かんごし》さんが来《き》ました。

ケイくんは虫歯《むしば》がいっぱいあって、身長《しんちょう》や体重《たいじゅう》も標準《ひょうじゅん》よりずいぶん少《すく》なく、「栄養《えいよう》が足《た》りていないのかな？」と言《い》われました。

ケイくんは、子《こ》どもなので、自分《じぶん》ひとりでは病院《びょういん》にかかることができません。だから、病院《びょういん》の小児科《しょうにか》の先生《せんせい》とお話《はなし》する機会《きかい》はなかったのですが、学校《がっこう》の健診《けんしん》にきてくれたお医者《いしゃ》さんは、ケイくんの健康状態《けんこうじょうたい》をとても心配《しんぱい》してくれました。ケイくんは、思《おも》い切《き》って、おうちでごはんをちゃんと食《た》べたいことや、お風呂《ふろ》に入《はい》っていないとからだがかゆくなったりして気分《きぶん》が悪《わる》いので、たまにはお風呂《ふろ》に入《はい》りたいという正直《しょうじき》な気持《きも》ちを話《はな》してみました。

ケイくんは、心《こころ》の中《なか》で「こんなことを話《はな》したら、お母《かあ》さんに嫌《きら》われるのではないかな」

と、少《すこ》し心配《しんぱい》になりました。

だから、そのまま「お母《かあ》さんに嫌《きら》われたくない」という気持《きも》ちも全部《ぜんぶ》話《はな》してみました。

すると、お医者《いしゃ》さんは言《い》いました。

「ケイくん、お家《うち》の様子《ようす》や、気持《きも》ちをうちあけてくれてありがとう。医者《いしゃ》の仕事《しごと》というのは、みんなの健康《けんこう》やいのちを守《まも》るために正確《せいかく》に診察《しんさつ》したり、治療《ちりょう》をする仕事《しごと》です。だから、ケイくんのからだの健康《けんこう》のためにくわしくおうちの様子《ようす》を教《おし》えてくれると助《たす》かるんだよ。ケイくんの健《けん》康《こう》を考《かんが》えるのが僕《ぼく》の仕《し》事《ごと》だからね」
お医《い》者《しゃ》さんはそう言《い》って、ウインクしてくれました。
ケイくんは、お医《い》者《しゃ》さんに本《ほん》当《とう》の気《き》持《も》ちをうちあけてみてよかったと思《おも》いました。

【5】アーちゃんのお話《はなし》
（性《せい》的《てき》虐《ぎゃく》待《たい》）

性的《せいてき》（エッチなこと）……でいやなおもいをすることダヨ

ある夜中《よなか》のできごとです。
アーちゃんは、お布団《ふとん》の中《なか》で
眠《ねむ》っていました。
おうちの玄関《げんかん》で「ガチャガチャ」
という音《おと》が聞《き》こえました。
アーちゃんはその音《おと》で目《め》が覚《さ》めて、
『お父《とう》さんが仕事《しごと》から帰《かえ》ってきたのかな』
と頭《あたま》の中《なか》で思《おも》いました。

すると、部屋《へや》の戸《と》がギーッと音《おと》を立《た》てました。
真《ま》っ暗《くら》で何《なに》も見《み》えませんでしたが、
誰《だれ》かが入《はい》ってくるような音《おと》でした。
アーちゃんはなんとなく目《め》をつむって、
寝《ね》たふりをしていました。
すると、その「誰《だれ》か」は、
布団《ふとん》のすそをそーっとめくって
アーちゃんの横《よこ》に入《はい》ってきました。

そして、大《おお》きな体《からだ》をくっつけてきました。

アーちゃんは、怖《こわ》くなって、声《こえ》も出《で》ませんでした。

自分《じぶん》の耳《みみ》もとに、なまあたたかい息《いき》がかかりました。

かすかにお酒《さけ》の匂《にお》いがしました。

アーちゃんは、わけがわからないまま、寝《ね》たふりをしてがま

んしていました。
そうしているうちに、その「誰《だれ》か」は、アーちゃんの足《あし》やお腹《はら》をなでまわしはじめました。
ふだん、アーちゃんは、お父《とう》さんやお母《かあ》さんにだっこされたり、頭《あたま》をなでなでされたりして褒《ほ》めてもらうのは大好《だいす》きでしたが、
なんだかいつもの
それとは違《ちが》うような

変《へん》な感《かん》じで、どんどん怖《こわ》くなってきました。

その「誰《だれ》か」は、お酒《さけ》くさい息《いき》をはきながら、暗闇《くらやみ》の中《なか》で、アーちゃんのパンツの中《なか》に手《て》を入《い》れてきました。

アーちゃんは、わけがわからなくなりました。

声《こえ》を出《だ》そうと思《おも》いましたが、怖《こわ》くて声《こえ》も出《だ》せませんでした。

ただただ、じっと体《からだ》をかたくして、目《め》をぎゅっとつむって、その人《ひと》がどこかへ行《い》ってしまうのを待《ま》つことしかできませんでした。

その「誰《だれ》か」はアーちゃんの耳《みみ》もとにささやきました。

「このことは、ふたりだけの秘密《ひみつ》だぞ」
・・・・・・・・・・・・・・・・・・・・・・・・・・・・・・・・・

朝《あさ》になりました。
台所《だいどころ》にお母《かあ》さんが
いました。
お母《かあ》さんは、野菜《やさい》を
切《き》って朝《あさ》ご飯《はん》の用意《ようい》をしているようでした。
アーちゃんは、とても迷《まよ》いましたが、
思《おも》い切《き》って、夜《よる》に起きたできごとを話《はな》してみました。
お母《かあ》さんは後《うし》ろ向《む》きのままで聞《き》いていましたが、

一瞬《いっしゅん》、野菜《やさい》を切《き》る手《て》が止《と》まったような気《き》がしました。でもすぐにもとどおり調理《ちょうり》をはじめて言《い》いました。

「アーちゃん、夢《ゆめ》でも見《み》たんじゃないかい？ 気《き》のせいだと思《おも》うよ。さあ。早《はや》く準備《じゅんび》しないと遅刻《ちこく》するよ」

・・・・・・・・・・・・・・・・・・・・・・・・・・・・

お母《かあ》さんは、アーちゃんが寝《ね》ぼけたのではないか――と

思《おも》ったようでした。

そうお母《かあ》さんから言《い》われてみると、真夜中《まよなか》で暗《くら》かったし、目《め》もぎっちりつむっていたので、悪《わる》い夢《ゆめ》でも見《み》たのかもしれない、

――そうアーちゃんは思《おも》いこもうとしました。

お母《かあ》さんは、

「このことは、誰《だれ》にも話《はな》しちゃいけないよ」

と言《い》いました。

ビクッ
……
アーちゃん、夢でもみたんじゃないかい？
悪夢だったのかな…

アーちゃんは、頭《あたま》の中《なか》で、いろいろな思《おも》いがかけめぐりました。
『もし本当《ほんとう》に夢《ゆめ》だったとしたら、どうして夢《ゆめ》の内容《ないよう》を他《ほか》の人《ひと》に話《はな》しちゃいけない
のだろうか』とか『話《はな》すとお母《かあ》さんが困《こま》ることなのだろうか』とか
『人《ひと》に知《し》れると恥《は》ずかしいことなのか』とか、たくさんのことを

ひみつにしなくちゃいけないの？
おかあさんがこまることなの？
まっくらでこわくてうごけなかったよ……。

ひとりで考《かんが》え続《つづ》けました。

・・・・・・・・・・・・・・・・・・・・・・・・

アーちゃんは、このことを、他《ほか》の人《ひと》に言《い》わないで、ずいぶん長《なが》い間《あいだ》だまっていました。

というのも、このことを人《ひと》に話《はな》してしまうと、大好《だいす》きなお母《かあ》さんとの約束《やくそく》を破《やぶ》ることになるような気《き》がして、誰《だれ》にも言《い》えなかったのです。

ところが、そのあとも、同《おな》じようなできごとが、何度《なんど》も起《お》こるようになってきました。

アーちゃんは、そのたびにがんばって目《め》をぎゅっとつむり、寝《ね》たふりをするようにしてじっとがまんするようになってしまいました。

いつも嫌《いや》な気《き》持《も》ちになりました。
・・・・・・・・・・・・・・・・・・・・・・・・・・・・・・・・
ある日のことです。

学校《がっこう》の授業《じゅぎょう》で、先生《せんせい》が言《い》いました。

「自分《じぶん》の体《からだ》の中《なか》で、水着《みずぎ》や下着《したぎ》を着《き》たときに隠《かく》す部分《ぶぶん》がありますよね。

男《おとこ》の子《こ》だとおちんちんを隠《かく》しますね。

女《おんな》の子《こ》だと「おまた」や「われめ」の部分《ぶぶん》を隠《かく》しますよね。

そして胸《むね》のおっぱいのところも隠《かく》しますね。

その部分《ぶぶん》は他《ほか》の人《ひと》に触《さわ》らせてはダメなところです。

お医者《いしゃ》さんが診察《しんさつ》するような特別《とくべつ》なとき以外《いがい》は他《ほか》の人《ひと》に触《さわ》らせたり、簡単《かんたん》に見《み》せたりしてはいけない部分《ぶぶん》です。たとえ、顔《かお》見《み》知《し》りの大人《おとな》の人《ひと》であったとしても、親戚《しんせき》の人《ひと》でも、習《なら》い事《ごと》の先生《せんせい》でも、ダメなのです。触《さわ》られたら「嫌《いや》な気持《きも》ち」や「なんとなく変《へん》な気持《きも》ち」になるでしょう。

そんなときは、はっきり「やめて!!」といってその場《ば》から離《はな》れましょう。

そして、あなたが話《はな》せるほかの大人《おとな》の誰《だれ》かに、そのまま『起《お》こったできごと』や『嫌《いや》だった気持《きも》ち』を話《はな》して助《たす》けを求《もと》めてください」

先生《せんせい》がそう言《い》い終《お》わると、教室《きょうしつ》のうしろから、お友達《ともだち》のリーちゃんが手《て》をあげて言《い》いました。

「先生《せんせい》！

でも、大人《おとな》にむかって

『やめて！』って言《い》うのは

すごく勇気《ゆうき》がいります。

だって、もし自分《じぶん》だったら、怖《こわ》くて声《こえ》も出《で》ないと思《おも》う！」リーちゃんが言《い》ったとたんに、教《きょう》室《しつ》の中《なか》のお友達《ともだち》もうなずきました。

「そうだよな、『声《こえ》を出《だ》したらどうなるかわからないぞ』とか、おどされたら、ぼくも言《い》いなりになっちゃいそうだ」

「そうだよね、『このことを秘密《ひみつ》にしないと大変《たいへん》なことになる

ぞ』と大人《おとな》に言《い》われたら、ぼくも、秘密《ひみつ》にしなくちゃいけないのかな、と思《おも》ってしまう」

「いつも身近《みぢか》にいる人《ひと》が『これはゲームや遊《あそ》びの一種《いっしゅ》だから我慢《がまん》しろ』と言《い》われたらどうしよう」

教室《きょうしつ》のあちこちからいろいろな意見《いけん》がでました。

すると先生《せんせい》が言《い》いました。

「みなさん、よく、気《き》づいてくれましたね。たしかに、そうですね。

でも、考《かんが》えてみてください。大人《おとな》が『誰《だれ》にも言《い》うなよ』と、子《こ》どもに口止《くちと》めするということは、その大人《おとな》は、他人《たにん》にばれたらまずいようなことをしているということでもあります。子《こ》どもは、大人《おとな》の『ばれたらまずいから言《い》うな』という命令《めいれい》よりも『ぼく（わたし）は、触《さわ》られて嫌《いや》だ』と

いう権利《けんり》を優先《ゆうせん》しなくてはならないのです。子《こ》どもの権利《けんり》の方《ほう》が、大事《だいじ》なのです」

アーちゃんは、先生《せんせい》やみんなの話《はな》を聞《き》いて、あの日の夜《よる》のことを思《おも》い出《だ》していました。

アーちゃんはお母《かあ》さんから「誰《だれ》にも話《はな》さないように」と言《い》われていて、ずっと黙《だま》っていましたが、あれからたびたび、同《おな》じようなことが真夜中《まよなか》に起《お》こっていて、嫌《いや》な気持《きも》ちになっていました。

そして、アーちゃんはいろいろな考《かんが》えが頭《あたま》をめぐって、他《ほか》の大人《おとな》には話《はな》せないと思《おも》い込《こ》んで、あきらめていました。

そして、アーちゃんは「このことは恥《は》ずかしいことなのかな」とか　「このことを人《ひと》に話《はな》したら、

お母《かあ》さんや、家族《かぞく》の誰《だれ》かをつらい気持《きも》ちにさせてしまうのかもしれない」という複雑《ふくざつ》な気持《きも》ちもわいていました。

でも、アーちゃんは、先生《せんせい》の話《はなし》を聞《き》いて、この出来事《できごと》を、他《ほか》の大人《おとな》にありのまま話《はな》してみようと思《おも》いました。

学校《がっこう》にはときどき「スクールカウンセラー」という人《ひと》が来《き》ます。誰《だれ》にも言《い》えないような悩《なや》みの相談《そうだん》にのってくれる職業《しょくぎょう》だそうです。

アーちゃんは、スクールカウンセラーの人《ひと》に

「嫌《いや》な出来事《できごと》」や「嫌《いや》な気持《きも》ち」のことを話《はな》すことにしました。そして、「お母《かあ》さんが困《こま》らないようにしたいという自分《じぶん》の気持《きも》ち」も、「お母《かあ》さんが大好《だいす》きだからどうしたらよいかわからないという気持《きも》ち」も正直《しょうじき》に全部話《ぜんぶはな》してみようと思《おも》いました。

「きっと、自分《じぶん》にいちばんよい方法《ほうほう》を考《かん》えてくれるにちがいない」

……と、アーちゃんは思《おも》いました。

・・・・・・・・・・・・・・・・・・

数日後《すうじつご》、アーちゃんの学校《がっこう》に「スクールカウンセラー」という職業《しょくぎょう》の人《ひと》が来《き》ました。部屋《へや》に入《はい》ると、その人《ひと》はにっこりして「こんにちは」と言《い》いました。

アーちゃんがいろいろな気持《きも》ちを話《はな》すと、

その女《おんな》の人《ひと》は
「話《はな》してくれて
ありがとうね！」
と言《い》ってくれました。

アーちゃんは、ずっと
モヤモヤしていたので、
もっと早《はや》く

誰《だれ》かに
この気持《きも》ちを
話《はな》せばよかったなあと
思《おも》いました。

クマちゃん先生より（3）

お友達に起こった虐待のお話

第3章では、虐待を受けている子どもの話が、具体的に出てきました。それぞれの子が受けている虐待の種類はさまざまです。チーちゃんのようにいろんな種類の虐待を重複して受けている子も世の中には多く存在しています。中には4つの分類に入らない、病院に連れて行ってもらえないという虐待（医療ネグレクト）や、頑張れる限界を超えて塾や習い事を強いられ続けるという虐待（教育虐待）も存在しています。どの虐待に分類されるかは、それほど大事ではありません。子どもがつらい……助けてほしいと感じているかどうかこそが大事なのです。お話に出てきた子よりまだましだから自分は我慢しなくてはならない、と思う必要も全くありません。

いやだとかつらいとか思う事を、ストレスといいます。例えば人から自分の欠点を指摘された時、気分が落ち込みやる気がなくなってしまうこともあれば、自分の欠点を積極的に直そうと考えることもあるでしょう。ストレスとは、自分を見つめ直し新しいことを始めるきっかけになる、成長に必要なものなのです。でも自分ではどうしようもない理不尽なストレスが加わったとき、人の心は深く傷つき大きなダメージを受けてしまいます。

身体的虐待を受け続け、自分が悪い子だから暴力を受けるんだと思ってしまう子もいます。ネグレクトを受け続け、自分には世話をしてもらう価値がないと思ってしまう子もいます。性的虐待を受けたことで、自分の体が大切と思えなくなる子もいます。言葉で実際に「お前なんか生まれてこなければよかった」と言われ続ける子もいます。

虐待は、その時々に受けた行為だけが問題なのではなく、子どもが「自分は大切な存在である」「自分には価値がある」と思う気持ちを奪っていくことにこそ問題があるのです。虐待環境で育った子は、自分がこれ以上傷つかないために必死になってしまい、他の人を気づかずに傷つけてしまうことが増えてしまいます。「自分の言うことを聞かない人は、暴力を使ってでもわからせなければいけないんだ」と考えるようになり、暴力的になる子もいます。逆に自分のつらさをどこにもぶつけることができず、自分自身を傷つけてしまうようになる子もいます。そんなつらい気持ちでいることに大人が気づかず、問題児扱いされ、ますます自分には価値がないって思わされてしまう子もいます。つらい気持ちにその子自身が気づけず、自分が受けた行為を正しかったんだと思い込んだ場合、自分が親になった時に虐待を繰り返してしまうかもしれません。それこそが大きな問題なのです。

クマちゃん先生は子どもには無限の可能性があると信じています。子どもが問題行動を起こした時には頭ごなしに怒鳴りつけたり殴ったりしないで、「どうしてそのような行為をしてしまったの？」と子どもに真剣に向き合うことで、その子は必ず答えてくれることを知っています。すべての子どもには、大人に真剣に向き合ってもらう権利があるのです。

第《だい》Ⅳ章《しょう》

助《たす》けてほしいと思《おも》ったら

すべての子《こ》どもは、どのような子《こ》どもも、——そう、これを読《よ》んでいるあなたも、かけがえのない、大切《たいせつ》で大事《だいじ》な存在《そんざい》です。

たとえば、この本《ほん》に出《で》てきた「チーちゃん」は心《こころ》も体《からだ》も傷《きず》ついていますが、お家《うち》の人《ひと》に相談《そうだん》して解決《かいけつ》できず困《こま》っています。

そんなときは、別《べつ》の大人《おとな》に相談《そうだん》することができるのです。皆《みな》さんの学校《がっこう》の先生《せんせい》に相談《そうだん》することもできます。

でも、あなたが相談《そうだん》した大人《おとな》が、お父《とう》さんやお母《かあ》さんのことを知《し》っているために「あの人《ひと》たちが、そんなことをするはずない」と考《かんが》えて、100％自分《じぶん》の味方《みかた》になってくれないな、と感《かん》じたり、力《ちから》になってもらえなかった、と感《かん》じることもあるかもしれません。

もしかしたら、その大人《おとな》は、いままでに聞《き》いたことのない相談《そうだん》をされてしまい、びっくりしてしまったのかもしれませんし、また、あなたを助《たす》けたくてもどうやって助《たす》けたらよいのか方法《ほうほう》がわからなくて、とまどってしまったのかもしれません。

大人《おとな》でもこれまでに経験《けいけん》していないことはうまくできなかったり、勉強《べんきょう》していないことは知《し》らないこともあるのです。

もし子《こ》どもが「助《たす》けて」と言《い》っているのに、見《み》て見《み》ぬふりをしてしまう大人《おとな》がいたとしたら、それは、しらんぷりをした大人《おとな》がよくないのです。

勇気《ゆうき》を持《も》って助《たす》けを求《もと》めても、うまくいかないことがあるかもしれません。でも、どうかあきらめないで欲《ほ》しいと思《おも》います。

この本《ほん》の「チーちゃん」や「ターくん」のような危険《きけん》があったら、近《ちか》くのおまわりさんも相談《そうだん》にのってくれるかもしれません。ほかにも、助《たす》けてくれそうな職業《しょくぎょう》としては、お医者《いしゃ》さんもあげられます。お医者《いしゃ》さんは、体《からだ》や心《こころ》の傷《きず》の診察《しんさつ》や治療《ちりょう》をして、人《ひと》の健康《けんこう》を守《まも》る専門家《せんもんか》です。また、あなたが住《す》んでいるところの役所《やくしょ》や役場《やくば》には、子《こ》どもやおうちのことについて相談《そうだん》にのる人《ひと》がいます。168ページにあるような相談窓口《そうだんまどぐち》では、虐待《ぎゃくたい》のことを専門《せんもん》としている人《ひと》たちにつながります。

『会《あ》ったこともない大人《おとな》が助《たす》けてくれるだろうか』とか『どうせ相談《そうだん》しても信《しん》じてもらえないかもしれない』と、いろいろな心配《しんぱい》が浮《う》かぶかもしれません。

でも、専門家《せんもんか》はあなたのようにつらい思《おも》いをしている子《こ》どもたちから話《はなし》を聞《き》くことに慣《なれ》れています。「こんな悩《なや》みを持《も》っているのは自分《じぶん》だけかも」とか、「こんな話《はなし》をしたらびっくりしちゃうかも」、と思《おも》う必要《ひつよう》はありません。

どうか、どうか、決《けっ》してあきらめないでください。助《たす》けてくれる大人《おとな》はどこかにきっといると信《しん》じてください。

たすけてほしいとおもったらココに相談《そうだん》してみよう。

※１：児童相談所全国共通ダイヤル(文科省ホームページより)
※２：子どもの人権１１０番(法務省ホームページより)

p 1

こんな「助けて」の方法もアリ！ メモ大作戦

こんな「助けて」の方法もあアリ！　メモ大作戦　p 2

本にメモをはさんでSOS大作戦まんがｐ３

クマちゃん先生より（4）

助けてと思ったら

　第2章のコラムで、虐待を受けた子はそれが当たり前になり、虐待と認識しづらくなってしまうと話しました。でもたとえ自分が虐待されていると感じている子でも、それを認めることは自分が弱い存在だと認めることにもなり、SOSを簡単には出せないのです。でも大人よりも強い子どもなど実際にはいません。大人が虐待しようと思えば、どうあっても子どもは虐待されてしまいます。弱い存在だから虐待が起こるのではありません。

　親がひどい人間だと思われたくなくて、虐待のことを話せない子もいます。でも本気で虐待問題に向き合い、子どもと家族の力になりたいと考えている大人は、親をひどい人と断罪したいと考えているわけではありません。親が心の中に抱えている、虐待をせざるを得ない状況を作り出しているものは何か、一緒に考えたいと思っているのです。また、たとえ親が自分を虐待していたとしても、親のことが大好きで「痛いことやつらいことさえやめてくれればなあ」と思っている子もいます。でも親は子どもの気持ちに気づくことができず、子どももつらさをうまく言葉にできないことも多いのです。子どもの気持ちに気づいてもらうためには、子どもの気持ちを代弁し真剣に親と話をする第三者の大人が必要なのです。

　もちろん親のことを嫌いになっている子もいるでしょう。それでも、親からの仕返しが怖くてＳＯＳを出せないことは少なくありません。周囲の大人を信頼出来なくなり、誰にも分かってもらえないし現状など変えられない、とあきらめている子もいるでしょう。でも何より子どものことを考え、日々努力している大人は確実にいるのです。

中にはこれまで誰かに相談したり、誰かが児童相談所に通告したことで、児童相談所の人たちと関わりを持った経験をし、そのうえで「結局何にも変わらなかった。それどころかもっとつらい思いをした」と感じている子もいるかもしれません。クマちゃん先生も、虐待を受けた子と関わって、先生なりに努力をしたけども、その子に先生と出会って良かったと思ってもらえなかっただろうな、ということは残念ながらあります。「絶対に助けるからね」と約束をしてあげたいのですが、実際には「絶対」と約束してそうならなかった場合、その子をさらに傷つけてしまうことになるので、言えないもどかしさを感じています。そのもどかしさをいつかは感じないで済むよう、一生懸命努力しています。また「だって君がＳＯＳを出さないから」と、責任を子どもに負わせることのないように、子どものわずかな変化も見逃さないようにも努力しています。世の中にはそのように考えている大人も多く、子どもを護るための法律やルールは、毎年少しずつ良くなっています。

どうかあきらめないで下さい。ＳＯＳを出し続けることで、君の幸せを願い最大限努力をしてくれる大人に出会う可能性は確実に高まります。他人を信じてＳＯＳを出すことは君の中にある「今を少しでも良くする力強さ」であることに間違いはないのですから。

大人のみなさんへ

あとがきによせて

子どもを読者対象とした絵本や読み物やスマホのアプリなどは、本邦でもいくらか存在していますが、本書は、小学校中学年以降の子どもを対象にした本の中で、極めて直接的に虐待のことを表現している、現時点で唯一の本ということができるでしょう。本書の出版企画を聞き、監修依頼があったときに、子どもが読んでつらい気持ちになることもあるかもしれない本を、どのような形にして出したらよいのかは、実際にはとても迷いました。でもセールスを度外視（おそらく親が子どもに買い与える本にはなりえないでしょう）して、本書の出版を推し進めてくれた金剛出版の中村奈々さん、そして子どもに何とかわかりやすい形でメッセージを伝えたいとの思いをイラストと文字として書き起こしてくれた著者の青木智恵子さんの気持ちに答えたい、と話し合いを重ね、このような形で一冊の本にまとめることとなりました。中学生以降の読者を対象に、自分なりに伝えたいメッセージを、蛇足になるかとも思いつつコラムという形でまとめさせていただく機会もいただきました。

監修者は小児科医として、実際に声をあげることすらできない乳幼児の虐待ケースに数多く対応をしています。そのような通常は声にならない子どもの切なる声が、目黒の事件では、マスメディアを通じてメッセージとして、社会に突き付けられました。野田の事件では、子どもが明確に出したSOSは全く生かされることなく、むしろ子どもを追い詰める方向に、大人社会のシステムは動いてしまいました。

「大人こそが変わらなければいけない」

この言葉に異論を唱える人は誰もいないはずです。しかし総論としてそのように感じても、各論として我々大人に何ができるのか、子どもに何を伝えていくべきであるのか、絶対的な正解があるわけではありませんし、本書が正解の一つであるのかはわかりません。

実際、本書が社会にどう受け止められるのかは、未知数です。しかし性の問題をタブー視して蓋をし、「子どもに何らかの悪影響が生じうる」として性教育を行わないという選択が、結局は子どもの性の安全を損ねる結果となっているのと同様、現実に存在する虐待という危機に対し、著者も監修者も何かをせずにはいられませんでした。子どもは社会的には圧倒的に無力な存在です。子ども自身が自分のアンテナで本書を見つけることもないでしょうし、自分の意思で自分の小遣いの中で本書を購入することも、おそらくはないでしょう。ですから本書は、子どもと接する立場の仕事の人が、率先して子どもの目に届くように働きかける必要のある本といえます。本書はそのような立場の人に虐待をよりよく理解していただくために書かれた本でもあります。支援者側が理解に乏しいまま、「虐待」という言葉を家族に向け、以降の対応が表面的で腫れものに触るような対応に終始した場合、それは単なるレッテル張りになり、かえって家族が孤立感を深める結果になってしまいます。一方で、地域社会の一人一人が「差し伸べた手を簡単には引っ込めない」と一致団結して、明確な目的を持ち関わり続けることができるならば、「虐待」という言葉は「単なるきっかけとしての記号」に過ぎないものとして、実質的に家族に届く支援を提供できるようになるでしょう。

2020年4月からは、日本でも法的に体罰が禁止されることとなります。しかし単に法律で体罰を禁止するだけでは、それ以外の手段を持たない親御さんに、プレッシャーをかけるだけになりかねません。なぜ体罰を行うことが望ましくないのか、きちんと説明できる大人を増やし、体罰以外のしつけの方法論を啓発する場面を増やす必要があるのです（実際、体罰を行う親の割合は、法律がなく啓発機会も乏しい国では92%、法律はないが啓発機会の多い国では50%、法律はあるが啓発機会に乏しい国では14%、法律があり啓発機会も多い国では9%と報告されています）。

本書の意義も、結局はどのように大人が活用していくか次第で変わっていくものなのだと思います。本書が出版された以降、どのように読まれ、活用されていくのかは私たちの手を離れた問題ではあります。しかし発信源としての責任を抱き続け、批判の声も賛同の声も真摯に受け止めて、建設的な力に変えていきたいと考えています。

また著者の青木さんも私も、今虐待を受けている子どもだけでなく、かつて虐待を受けていた大人にもぜひ本書を手に取っていただきたいと思っています。すべての大人は、言うまでもなくかつては子どもでした。子ども時代を振り返り、「大切に育てられた」と思えないことはとても苦しいことであり、虐待されて育った大人の多くは、自分が虐待を受けたと受け止められないでいます。そして生きにくさを抱え精神科の門をたたいても、二次的に生じた「うつ病」などの診断を受けるにとどまり、問題の根っこである「子ども時代のトラウマ」にしっかりとケアの手が届くことはほとんどないのが実情です。そのような困難を抱えた親御さんにこそ、本書を手に取っていただき、子どもだった頃の自分を抱きしめてあげて欲しいと思っています。

ただ実際には、最も深刻な困難を抱えている親御さんほど、本書を受け入れてはくれない可能性が高いのが現実でしょう。また本一冊出しただけで世の中をすぐに変えることなど、できることではありません。それでも、いつでも何度でも、読んでみようと思ったときに手に取ることのできる「本」というのは、講演ともカウンセリングとも違った存在意義があると思うのです。本書がたった一人の子ども、たった一人の大人でも、深刻な状況を改善する何らかの役に立つことができたなら、それだけでその存在意義を果たしたことになると思っています。一人の人間の幸福というのは、何にも代えられないものなのですから。

本書の中でさらに詳しく知りたい大人の方は以下をご参照ください。

■子どもの権利に関する法律をもっと読みたい大人のかた
児童の権利に関する条約（子どもの権利条約）
https://www.unicef.or.jp/kodomo/kenri/syouyaku.htm
（抄訳：日本ユニセフ協会）

■青年保護育成条例
（お住まいの都道府県もしくは市町村に制定されています）

■児童虐待の防止等に関する法律
https://elaws.e-gov.go.jp/search/elawsSearch/elaws_search/lsg0500/detail?lawId＝412AC1000000082&openerCode＝1

■手引き：
「児童虐待への対応のポイント〜見守り・気づき・つなぐために〜」について（文部科学省；令和元年、8月30日）
http://www.mext.go.jp/a_menu/shougai/katei/__icsFiles/afieldfile/2019/08/30/1420751_001_1.pdf

■子どもの虹研修センター
（リンク集には必要なリンクが多く掲載されています）
http://www.crc-japan.net/contents/links/index.html

■児童虐待の通報や相談を 24 時間受け付ける児童相談所
全国無料共通ダイヤル「189」
http://www.mext.go.jp/a_menu/shougai/katei/1420751.htm

※ QR コードはスマホの機種により、読み込めない場合もあります。

主な参考文献

■日本弁護士連合会子どもの権利委員会編「子どもの虐待防止・法的実務マニュアル第6版」明石書店、2017．
■発達157「虐待対応のこれから」ミネルヴァ書房、2019．
■スーザン・フォワード著、玉置悟訳「毒になる親　一生苦しむ子供」講談社、2001．
■ジュディス・L・ハーマン著、中井久夫訳「心的外傷と回復　増補版」みすず書房、1999．
■キャロル・ジェニー編、一般社団法人日本子ども虐待医学会他監訳「子どもの虐待とネグレクト」金剛出版、2018．
■ランディ・バンクロフト著　白川美也子他監訳「DV・虐待にさらされた子どものトラウマを癒やす」明石書店、2006．
■マーティン・A・フィンケル他編、白川美也子他監訳「子どもの性虐待に関する医学的評価」診断と治療社、2013．
■保育と虐待対応事例研究会編「保育者のための子ども虐待対応の基本」ひとなる書房、2019．
■ベッセル・ヴァン・デア・コーク著、柴田裕之訳、杉山登志郎解説「身体はトラウマを記録する」紀伊國屋書店、2016．
■奥山眞紀子編「こころの科学206号：子育て支援と虐待予防」日本評論社、2019．

◉訳者略歴

溝口　史剛（みぞぐち　ふみたけ）医学博士

群馬県前橋赤十字病院　小児科副部長，群馬大学大学院小児科/埼玉医科大学小児科　非常勤講師

学歴：1999 年　群馬大学医学部卒　2008 年　群馬大学大学院卒　医学博士

職歴：群馬大学附属病院ならびに群馬大学小児科関連病院をローテート勤務し，2015 年より現職。2012 年より群馬県虐待防止医療アドバイザー，その他千葉県・長野県・横浜市などのアドバイザーも務める

専門医：日本小児科学会認定小児科専門医，日本内分泌学会認定内分泌代謝科（小児科）専門医　日本小児科医会認定　子どもの心相談医

学会／研究会/NPO 活動：

日本子ども虐待防止学会代議員，日本子ども虐待医学会評議員　日本 SIDS・乳幼児突然死予防学会評議員　一般社団法人ヤングアシスト　理事長

民間資格：NCPTC（米国子ども保護トレーニングセンター）認定

ChildFirst プロトコル® 司法面接研修講師

RIFCR™ 通告義務者向け虐待被害児面接研修講師

◉著者略歴

青木　智恵子（あおき　ちえこ）

複数のペンネームを持ち，著書多数。

青木智恵子著『ウツ戦記』（金剛出版），『増補 車椅子やベッドの上でも楽しめる子どものためのふれあい遊び 55』（黎明書房），有島サトエ著『マンガでわかるどんなウツも，絶対よくなるラクになる！』（すばる舎）など。

国家資格複数あり。勤務歴は自治体の保健師・病棟看護師・北海道大学非常勤講師など（兼務含む）約 10 年。日本タッチケア協会会員，日本子ども虐待医学会会員。ヨガインストラクター（シニア・キッズ・リラックス）他，資格あり。

クリエーター名：メディカルくん（MedicalKUN）として，LINE スタンプ 90 種以上製作（例：闘病生活・発達障害・視覚過敏・読字障害のかたに使いやすいもの・アドラー心理学を応用したもの・手話する動く動物・SNS カウンセリングカスタムなど）

同名でイラスト販売サイト PIXTA にて，感覚統合・乳幼児発達・虐待・医療・保健・福祉・介護・看護に関するイラスト制作。

同名にて SUZURI アプリにて，コラボグッズ制作販売中。

三浦綾子文学記念館クリエーター（CHIEKO）としても活躍

（※ QR コードを読み取ると各販売サイトへアクセスできます）

ぎゃくたいってなあに？

2020年1月25日　印刷
2020年1月30日　発行

監修者　　溝口　史剛
著　者　　青木　智恵子
発行者　　立石　正信
発行所　　株式会社金剛出版
〒112-0005　東京都文京区水道1-5-16
電話03-3815-6661　振替00120-6-34848

装　丁　　臼井　新太郎
印刷・製本　三協美術印刷

カバー・本文イラスト：青木智恵子

ISBN978-4-7724-1745-7　C3011

大いなる誤解・
親子が殺し合わないために

子どもの魂を健やかに育て，幸せな親子関係を築くために必要なこと

［著］＝小石川真実

●四六判 ●並製 ●480頁 ●定価 **4,200**円＋税
● ISBN978-4-7724-1654-2 C3011

親がわが子の魂を傷つける「親子関係関連障害」を
連鎖させないために何ができるのか？
親による虐待被害の実体験からの回復を語るドキュメント。

犯罪被害を受けた子どものための
支援ガイド

子どもと関わるすべての大人のために

［著］＝ピート・ウォリス ［監訳］＝野坂祐子 大岡由佳

●A5判 ●並製 ●270頁 ●定価 **3,600**円＋税
● ISBN978-4-7724-1469-2 C3011

犯罪被害にあった子どもに対してまわりの大人たちが
適切な対応をとるための実践的なガイドブック。

子ども虐待と治療的養育

児童養護施設におけるライフストーリーワークの展開

［著］＝楢原真也

●A5判 ●上製 ●240頁 ●定価 **3,600**円＋税
● ISBN978-4-7724-1428-9 C3011

自らのナラティヴを紡ぎ
人生の歩みを跡づける
「ライフストーリーワーク」にもとづく
治療的養育の理論と実践の臨床試論。